匹克球

技艺、智慧与影响力

主　编　任宇翔
副主编　陈　焓　郭哲滔

清华大学出版社
北京

本书封面贴有清华大学出版社防伪标签，无标签者不得销售。

版权所有，侵权必究。举报：010-62782989，beiqinquan@tup.tsinghua.edu.cn。

图书在版编目（CIP）数据

匹克球：技艺、智慧与影响力 / 任宇翔主编 .— 北京：清华大学出版社，2024.12.（2025.2 重印）--ISBN 978-7-302-67850-2

Ⅰ．G849.9

中国国家版本馆 CIP 数据核字第 20242JJ940 号

责任编辑：孙　宇
封面设计：钟　达
责任校对：李建庄
责任印制：丛怀宇

出版发行：清华大学出版社
网　　址：https://www.tup.com.cn，https://www.wqxuetang.com
地　　址：北京清华大学学研大厦 A 座　邮　编：100084
社 总 机：010-83470000　邮　购：010-62786544
投稿与读者服务：010-62776969，c-service@tup.tsinghua.edu.cn
质量反馈：010-62772015，zhiliang@tup.tsinghua.edu.cn
印 装 者：天津鑫丰华印务有限公司
经　　销：全国新华书店
开　　本：145mm×210mm　印　张：4.125　字　数：90 千字
版　　次：2024 年 12 月第 1 版　印　次：2025 年 2 月第 2 次印刷
定　　价：58.00 元

产品编号：108750-02

推荐语

在匹克球这项运动于中国悄然兴起之际,任宇翔(番茄队长)倾尽心力,著成了这部难得的匹克球"教科书"。此书内容详尽、条理清晰、语言易懂、实操性强,无疑为广大匹克球爱好者及从业者奉上了一场知识的盛宴,堪称福音。

人生之路,知行并重,知为行之基。《匹克球:技艺、智慧与影响力》正所谓是"知"。愿它能成为每一位中国匹克球人的精神灯塔,引领他们在匹克球的世界里探索技艺的奥秘,不断突破自我。

——中国匹克球工作委员会副主任
新华社体育部前资深记者 梁金雄

匹克球运动是一项兼具包容性、娱乐性和竞技性的运动,愿意深入了解它的人,都会爱上这项运动。这本书带我们全面了解匹克球、学习匹克球,填补了国内匹克球相关资料缺乏的空白,是一本独一无二的好书。

——中国学生体育联合会中职委员会
副秘书长 李小虎

匹克球运动具有娱乐、社交、健康和竞技价值,是适合全民健身的运动。本书深入浅出详细介绍了匹克球运动的技能,提供战术、战略、培训、相应体能训练以及装备挑选等方面的指导。视角全面、内容丰富、指导实用。

——清华大学学生匹克球协会指导老师
清华大学医学物理所副研究员 应 葵

在当今这个快节奏、高压力的社会中，寻觅一种集健身、修心、社交于一体的运动方式至关重要。《匹克球：技艺、智慧与影响力》应运而生，它不仅为我们打开了一扇通往匹克球世界的大门，更引领我们在这项新兴运动中探索自我、挑战极限、畅享快乐。

——中南林业科技大学副教授

中国网球协会裁判员　黄金丽

这本书不仅涵盖了匹克球的历史与起源，还深入探讨了这项运动的规则、技术、战术和训练方法。这本书能激发你对匹克球的热爱，并助你在赛场上取得更多的突破与成就。

——中国香港匹克球冠军，职业运动员　林浚禧

本书作者总结自身参与国内、国外的各类匹克球运动大赛的经验与见识，从各个层面去阐述匹克球运动的知识。其内容丰富、实用性强，给不同阶段的匹克球运动爱好者们提供了指引，推动了匹克球这一新兴体育运动在中国的发展。

——中国网球协会匹克球推广单位负责人

教练员，裁判员导师　苏敷志

随着匹克球运动在美国的爆发式增长，中国匹克球运动在国家相关单位、各地协会、民间俱乐部、狂热爱好者的大力推广下，2024年也逐渐进入高光时刻，特别是北京的任宇翔（番茄队长）先例性地被邀请到匹克球最先进的国家（美国）参加相关的职业联赛，为中国的匹克球运动积累了许多经验，我相信，未来的匹克球冠军，属于中国！！！

——资深匹克球拍设计师　龚石金

作者任宇翔（番茄队长），他要出书我一点也不惊讶，因为在匹克球领域他总是创意多多，敢于尝试，比如：创作与匹克球相关的歌曲、去欧美打比赛、培养年轻球员等。本书必将引导更多人在运动中收获快乐和健康。

——南京广电阳光体育主持人　王　蕾

《匹克球：技艺、智慧与影响力》是一个综合性的作品，它不仅适合匹克球爱好者阅读，也适合对个人成长和领导力感兴趣的读者。番茄队长任宇翔的这本书，是对匹克球运动的一次深刻解读，也是对个人成长的一次启迪。

愿这本书能够激励更多的人，无论是在匹克球场上，还是在生活的每一个领域。

——中民体协匹克球协会竞赛部负责人　黄　奕

本书既有匹克球的起源、装备的选购、基础技术等广大初学匹克球的朋友急需知道的内容，又有作者任宇翔在平时教学和比赛中积累的丰富经验内容，能够为进阶的匹克球爱好者指明努力的方向，是一本堪称详尽的匹克球小百科全书。

——中国网球协会匹克球裁判员，教练员导师　郑　维

目 录

第 1 章　匹克球运动概述 ·· 1
　1.1　匹克球的起源与发展 ·· 1
　1.2　匹克球运动的特点与价值 ···································· 4
　1.3　匹克球运动的基本规则 ······································ 7
第 2 章　匹克球装备与选购 ·· 12
　2.1　匹克球的选择与保养 ······································· 12
　2.2　匹克球拍的种类与选购建议 ·································· 14
　2.3　匹克球专用鞋及其他装备推荐 ································ 17
第 3 章　匹克球基础技术 ·· 19
　3.1　握拍方法与转换 ··· 19
　3.2　基本步法与移动 ··· 21
　3.3　发球技术 ·· 26
　3.4　接发球技术 ··· 28
　3.5　旋转 ·· 31
第 4 章　匹克球进攻技术 ·· 34
　4.1　正手击球技巧 ··· 34
　4.2　反手击球技巧 ··· 36
　4.3　截击与高压技术 ··· 38
　4.4　穿越与放小球技巧 ··· 44

4.5　前场吊球和后场吊球技术 ……………………… 47
　　4.6　抽球技术 ……………………………………… 52
　　4.7　绕网柱回球 …………………………………… 54
　　4.8　跨非截击区击球 ……………………………… 56

第5章　匹克球防守技术 …………………………………… 58
　　5.1　防守站位与策略 ……………………………… 58
　　5.2　削球技术 ……………………………………… 59
　　5.3　接重炮发球的方法 …………………………… 61
　　5.4　应对不同类型的对手 ………………………… 62

第6章　匹克球单打和双打技术 …………………………… 64
　　6.1　单打策略 ……………………………………… 64
　　6.2　双打发球与接发球策略 ……………………… 66
　　6.3　双打进攻与防守转换 ………………………… 71
　　6.4　网前攻防 ……………………………………… 71

第7章　匹克球比赛策略与心理素质 ……………………… 74
　　7.1　制订比赛计划与目标 ………………………… 74
　　7.2　分析对手与场地条件 ………………………… 76
　　7.3　管理比赛中的情绪与压力 …………………… 78

第8章　匹克球训练方法与计划 …………………………… 80
　　8.1　体能训练方法 ………………………………… 80
　　8.2　技术训练方法 ………………………………… 82
　　8.3　战术训练方法 ………………………………… 85
　　8.4　制订个性化训练计划 ………………………… 89

第9章　匹克球运动中的伤害预防与处理 ………………… 93
　　9.1　常见运动损伤及预防措施 …………………… 93
　　9.2　急性损伤的处理方法 ………………………… 95

目 录

  9.3 慢性损伤的康复与治疗 …………………… 97

第 10 章 匹克球比赛规则与裁判法 …………………… 99
  10.1 匹克球比赛规则详解 …………………… 99
  10.2 裁判员的职责与判罚标准 ……………… 101
  10.3 比赛中的争议解决与申诉流程 ………… 104

第 11 章 匹克球运动员的营养与恢复 …………………… 106
  11.1 合理膳食对运动员的重要性 …………… 106
  11.2 运动后的恢复与放松方法 ……………… 108
  11.3 营养补充品的选择与使用建议 ………… 109

第 12 章 匹克球运动在国内外的发展与推广 …………… 111
  12.1 国内外匹克球运动的发展现状 ………… 111
  12.2 匹克球运动的推广策略与建议 ………… 112
  12.3 未来匹克球运动的发展趋势 …………… 113

附 录 ………………………………………………… 117
  A.1 匹克球评级 ……………………………… 117
  A.2 匹克球专业术语 ………………………… 118

第 1 章　匹克球运动概述

1.1　匹克球的起源与发展

匹克球的起源与发展可追溯到 20 世纪 60 年代的美国西雅图市。1965 年夏天，国会议员 Joel Pritchard（1925—1997）和其朋友 Bill Bell（1923—2006）、Barney McCallum（1926—2019）在美国西雅图市的贝恩布里奇岛（Bainbridge Island）度假时找不到羽毛球相关设备，因此，意外地创造了一项新的运动——匹克球。

几位发明人都热衷于打羽毛球和网球，但因其门槛较高，家人们经常无法参与一起享受这些运动的乐趣。其一直想创造一项老少皆宜的运动。在西雅图度假时，刚打完高尔夫球的 Joel Pritchard 和朋友 Bill Bell 回到了家中，发现家人都闲着无事可做，恰巧社区内有一个废弃的羽毛球场，但是没找齐羽毛球设备，于是即兴发挥，用乒乓球拍打一个穿了孔的塑料球。最开始其隔着羽毛球网打，很快发现把网降低后当网球打，塑料球在沥青地面上弹跳得很不错。后来，Barney McCallum 也被邀请加入了游戏中（图 1-1）。

匹克球的诞生受到了羽毛球、网球和乒乓球等多种运动的启发。在创造过程中，其参考了羽毛球的规则，并简化了网球

匹克球 技艺、智慧与影响力

图1-1　匹克球的诞生

的场地和器材要求，使这项新运动既具有竞技性，又易于上手。在球的选用方面，其使用了一个有孔的塑料球，这样既能保持一定的速度，又能减少运动伤害的风险。球拍则类似于加大号的乒乓球拍，表面较为光滑，便于控制球的旋转和落点。三个人参考当时的羽毛球规则，并且考虑到方便没有运动基础的家人们一起参与，制订了匹克球最早的游戏规则。

这项运动最初被称为"三合一"（Three-in-One），因为其结合了三种不同的运动元素。后来，由于Pritchard家的狗"Pickle"喜欢追逐球，这项运动被重新命名为"匹克球"（Pickleball），这个名字也与Pritchard家族的船"Pickle-Oars"有关。

随着时间的推移，匹克球在发明后很快流行于美国各地，其简单易学、新奇有趣的特性吸引了众多运动爱好者，成为邻里间的一种社交活动。匹克球逐渐在美国乃至全球范围内流行

第 1 章 匹克球运动概述

起来。20 世纪 70 年代，匹克球的规则开始完善，球场的尺寸、网高以及比赛规则开始被标准化，以适应更广泛的比赛需求，设施建设开始标准化，建设有专门的匹克球场地，以适应这项运动的发展。1972 年，匹克球正式被注册为一项运动项目，这标志着匹克球运动得到了官方的认可。1984 年，国际匹克球协会（USAP）成立，负责制订和推广匹克球的规则和标准。USAP 出版了第一本官方规则手册，为匹克球的进一步发展奠定了基础。1990 年，匹克球已经推广到全美 50 个州，并开始传播到美国以外的地区，包括加拿大和一些欧洲国家。2000 年，匹克球的发展呈现出竞技化和专业化，开始出现专业匹克球比赛，吸引了专业运动员的参与。进入 21 世纪后，匹克球的发展更是迎来了新的高潮。2010 年，国际匹克球联盟（IFP）的成立标志着匹克球正式成为一项全球性的运动项目。2017 年开始，为了纪念匹克球的发明，世界匹克球大赛先后在西班牙、意大利、德国、美国、印度等国家举办，将其奖杯命名为"贝恩布里奇岛杯（Bainbridge Cup）"。2018 年，世界匹克球联盟（WPF）的成立进一步推动了匹克球的发展，使其在国际体育舞台上占据了一席之地。

近年来，匹克球在全球范围内的普及速度越发加快，其不仅受到不同年龄层人群的喜爱，而且成为许多学校和教育机构推广的体育课程之一。匹克球的多项优势，如上手容易、运动量适中、娱乐性强等，使其成为一项适合广泛人群参与的运动，越来越多的人加入匹克球的行列。据美国匹克球协会统计，截至 2023 年年初，美国匹克球的玩家数量已从 2021 年的 482 万人飙升至 3600 万人。2023 年 10 月，奥组委宣布在 2028 年奥运会新增 9 个新运动时并没有匹克球。但同年 11 月，全球匹克球联盟（Global Pickleball Federation，GPF）成立，作为一个统一的国际匹克球组织推动匹克球在全球的发展。

1.2 匹克球运动的特点与价值

1.2.1 匹克球的特点

匹克球作为一项新兴的运动项目，在全球范围内逐渐流行起来，其特点不仅体现在规则简单易懂、易于上手等方面，更在于技巧丰富、战术多变、攻防转换迅速等。

1. 易于上手，适合各年龄段

匹克球的规则设计得非常人性化，新手能够迅速掌握其基本规则并开始享受这项运动的乐趣。无论是孩子、青少年、成年人，还是老年人，都能在匹克球场上找到属于自己的位置。匹克球的运动强度适中，不会像某些运动那样对身体造成过大的负担，适合各个年龄段的人群参与。

2. 技巧丰富，战术多变

匹克球虽然规则简单，但技巧却十分丰富。球员需要掌握发球、接发球、抽球、吊球、截击等基本技术，这些技术在比赛中的应用非常广泛。同时根据对手的情况和场上形势，球员还需要灵活应用这些技术，制订合适的战术。在双打比赛中，两名球员之间的默契配合和战术执行尤为关键，需要通过相互沟通、补位和配合，共同应对对手的挑战。

3. 攻防转换迅速，考验反应能力

匹克球比赛节奏快，攻防转换频繁。球员需要在极短的时间内做出判断并作出反应，这对球员的反应能力和判断能力提出了更高的要求，尤其是在网前攻防环节，球员需要时刻保持警惕，准备应对对方的突然袭击。同时，球员还需要根据场上

形势迅速调整自己的位置和战术,以应对对手的变化。这种快节奏的攻防转换不仅考验了球员的反应能力,而且提升了比赛的观赏性和刺激性。

4. 兼具娱乐性和竞技性

匹克球既可以作为休闲娱乐运动与家人朋友一起享受其中的乐趣,也可以作为竞技项目在赛场上一较高下。在休闲娱乐时,匹克球可以作为一项轻松有趣的活动,让人们在忙碌的生活中找到放松和娱乐的方式;而在竞技比赛中,匹克球则展现出独特的魅力,吸引着大量的专业球员和爱好者参与。无论是业余比赛还是专业赛事,匹克球都以其独特的规则和技巧吸引了众多观众的关注。

1.2.2 匹克球的价值

匹克球不仅是一项充满乐趣和挑战的运动项目,更蕴含了丰富的价值,从身心健康到社交拓展,再到文化传承和全球推广,匹克球在多个方面都展现出了独特的魅力。

1. 身心健康的双重益处

首先,匹克球对于身心健康具有显著益处。作为一项有氧运动,匹克球能够有效提升心肺功能,增强体力和耐力。同时比赛中快速的攻防转换和技巧应用能够锻炼反应速度和身体协调性。其次,匹克球也是一种低冲击力的运动,能够减少运动伤害的风险,适合各个年龄段的人群参与。最后,在精神层面,匹克球比赛中的竞争与合作能够培养耐心、毅力和团队协作精神,增强自信心和抗压能力。

2. 社交拓展与人际沟通

匹克球作为一项团队运动,对于社交拓展和人际沟通具有积极作用。在比赛和训练中,球员们需要相互信任、密切配合,

匹克球 技艺、智慧与影响力

这种团队协作的精神不仅增强了球员之间的友谊,也提升了其社交能力。通过参与匹克球比赛和活动,球员们有机会结识来自不同领域、不同背景的朋友,拓展自己的社交圈子。这种社交拓展不仅能够丰富个人生活,还能够为未来的职业发展提供更多可能性。

3. 文化传承与国际交流

匹克球起源于美国,如今已经发展成为一项全球性的运动。匹克球的推广和发展不仅促进了国际间的文化交流,也加深了不同国家和地区之间的友谊。通过参与国际比赛和交流活动,球员们能够了解不同国家的文化和风俗,增进相互之间的了解和尊重。同时,匹克球也为各国之间的体育交流和合作提供了平台,促进了国际体育事业的发展。

4. 健身娱乐与全民参与

匹克球不仅是一项专业的竞技运动,更是一种适合全民参与的健身娱乐方式。匹克球规则简单易懂、易于上手,无论是初学者还是专业球员都能够迅速融入其中。在匹克球场上,人们可以尽情挥洒汗水、释放压力,享受运动带来的快乐。同时,匹克球比赛也常常伴随各种社交活动和聚会,为参与者提供了更多交流和互动的机会。这种全民参与的健身娱乐方式不仅能够丰富人们的业余生活,还能够促进社会和谐与进步。

总之,匹克球以其独特的魅力和丰富的价值吸引了越来越多的爱好者参与其中。其不仅有益于身心健康、促进社交拓展和人际沟通,还能够传承文化、促进国际交流以及推动全民参与健身。相信在未来的发展中,匹克球将继续展现独特的价值和魅力,为更多人的生活增添色彩和活力。

1.3 匹克球运动的基本规则

1.3.1 场地规则

1. 球场大小（图 1-2）

匹克球场地大小为 44 英尺 ×20 英尺（约 13.41 m × 6.1 m），中间由球网隔开，球网中间高 34 英寸（约 86.36 cm），球网两边框高 36 英寸（约 91.44 cm）。球场底线后预留 10 英尺（约 3.05 m）以上距离，边线外预留 7 英尺（约 2.13 m）以上距离，作为缓冲区。所有划线均为白色、宽为 2 英寸（5.08 cm）。室内球场顶高至少为 20 英尺（约 6.10 m）。

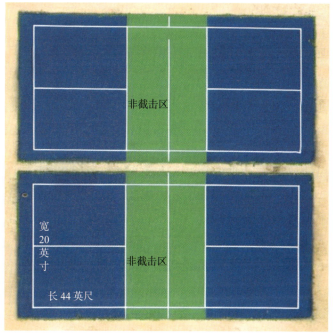

图 1-2 匹克球场

匹克球 技艺、智慧与影响力

2. 非截击区

球网两侧各 7 英尺（约 2.13 m）范围的地面区域为非截击区（Non-Volley Zone，NVZ），也俗称"厨房区域（Kitchen）"。截击前、中、后，球员身体任何部位（包括球拍和饰物）不得触碰到非截击区。

3. 器材

匹克球为硬质塑料球，球拍类似大号乒乓球拍，长度和宽度之和不超过 24 英寸（约 60.96 cm），其中长度不超过 17 英寸（约 43.18 cm）。

1.3.2 计分与换发规则

匹克球比赛的计分与换发规则是确保比赛公平进行的关键。

1. 计分规则

匹克球比赛有发球得分制与直接得分制两种。

发球得分制时通常采用 11 分制，即先得 11 分且领先对手至少 2 分的球员或组合获胜。这意味着如果比分达到 10 分平，则需一方领先 2 分方为胜者。

直接得分制时，通常采用 21 分或 15 分制，即先得 21 分或 15 分且领先对手至少 2 分的球员或组合获胜。这意味着如果比分达到 20 或 14 分平，则需一方领先 2 分，方为胜者。除非比赛规程另有封顶分的规定。

2. 发球得分制换发规则

每局开始时，一方球员或组合拥有发球权，并开始进行发球。发球方每胜一个回合则得 1 分，并换位继续发球，直到该方失去发球权或该局比赛结束。接球方无需更换球员位置。

当发球方丢失该回合时，接球方不得分，发球权将转移给其搭档或接球方球员。在双打比赛中，发球方的两名球员各有 1

第1章 匹克球运动概述

次发球机会,即每次得分后,发球方的两名球员将交替进行发球。

如果发球方在发球局中未能得分,则发球权将完全转移到对方球员或组合手中,对方将从其右区底线后开始发球。这种换发规则确保了比赛的公平性和流畅性。

3. 直接得分制换发规则

每局开始时,一方球员或组合拥有发球权,并开始进行发球。发球方每胜一个回合则得1分,并换位继续发球,直到该方失分或该局比赛结束。

当发球方丢失该回合时,接球方得1分,发球权将转移给接球方球员或组合。在双打比赛中,发球方的两名球员只有1次发球机会,即每次得分后,发球方的两名球员将交替进行发球。

1.3.3 发球规则

匹克球的发球规则在比赛中起着至关重要的作用,其不仅关乎开局的主动权,还直接影响到比赛的节奏和走向。发球是匹克球比赛中的重要环节,一个高质量的发球不仅能够直接得分,还能够迫使对手被动回击,为己方创造进攻机会。

1. 发球方式

采用截击式发球时,发球方必须采用由下往上击球动作,即手臂以向上沿圆弧方向移动,球与球拍的接触面(发球点)位于腰部以下,且球拍最高点必须低于手腕水平线。采用自由落地式发球时,无需遵从上述规定,但不能下砸或上抛发球,只能将球自然释放下落。

2. 发球站位

发球击球瞬间时,双脚必须在底线外、边线及中线想象延长线之间,且至少有一只脚接触地面,发的球必须落在斜对面球场的接球区内,不可压到非截击线。

匹克球 技艺、智慧与影响力

3. 发球位置

发球方必须站在底线后，即球场的最后一条线之后进行发球。发球时必须将球发到对角半区，即从球网另一侧的非截击区线（不包括）开始到底线的区域内。

4. 发球动作

需等待球员或裁判呼报完比分后，才能发球击球，发球时间是 10 秒钟。无论采用哪种发球方式，球的释放过程需要让对手及裁判清楚看见，并不能人为让球旋转释放。

5. 发球类型

发球方式主要分为截击式和自由落地式两种。截击式是将球释放或下落后直接击打发球，而自由落地式是让球自由下落，触地弹起后再击打球。无论采用哪种发球方式，发球方都应注意控制球的落点、速度和弧线，以便给对手制造难度，同时确保自己的发球不失误。

6. 发球违例

如果发球方违反上述规则，如发球动作不合规或发球违例（如短发球、错区发球、出界等），则判为发球违例，发球权将转移给对方。在双打比赛中，如果发球时球击中发球员自己或其搭档，将被判发球违例。如果发球时球击中接球队员或其搭档，则发球方得分。

如果在发球前发现发/接球站位错误、错误的发/接球员，予以纠正后发球。如果在发球后发现，除裁判外，任何球员不得因此停止比赛，该回合的比分有效。

7. 双反弹规则

发球后，接球方必须先让球在本方场地落地反弹 1 次才能击球。发球方在接对方回球之前，也必须先让球在本方场地落

10

地反弹1次后,才可以截击球。即从第四拍开始,双方可以触地接球,也可以截击未落地的球。

1.3.4 比赛规则

发球得分制匹克球计分规则参考了早期羽毛球的发球得分制规则,即只有发球方赢得发球回合时可以得分。

以双打为例,每局11分,发球方两名选手各有1次发球机会(每方共计2次发球机会)。

如果发球方在发球回合得分,则与队友换边后继续发球,否则换队友发球。只有发球方赢球后可以得分,接发球方即便赢得回合也不得分。

直接得分制则是每一个回合的胜方都可以得1分,无论是不是发球或接球方。

1. 赛制

通常采用三局两胜或单局决胜制。发球得分制通常采用每局11分,而直接得分制是每局15分或21分。

例如发球得分制每局11分的比赛,每局第一个得到11分,而且至少领先了2分的球队获胜。如果双方都得10分,比赛应继续,直到某一方领先了2分。除非比赛规程中明确规定了多少分封顶。

2. 换边和发球顺序

在每局比赛结束后,双方发球顺序和球场位置会互换。单打比赛中,首先由右侧球员开始发球,如果该球员一直保有发球权,则在得分后轮流在本方左右侧发球。双打比赛中,双方交换球权后的发球永远是从右手边的球员开始。

第 2 章　匹克球装备与选购

2.1　匹克球的选择与保养

匹克球是一种硬质塑料球,比网球略大,通常为荧光绿或黄色或橙色。球面上有 26～40 个直径约 1 cm～0.6 cm 左右的圆形孔洞(室内和室外球存在差异,室内球较轻软,通常采用 26 孔球,孔径较大,飞行速度较慢)(图2-1)。球的旋转不会太剧烈,同时弹性也较小,在空中飞行的速度相对较慢。匹克球的球拍像是大号不带胶皮的乒乓球拍,长度和宽度之和不能超过 24 英寸(60.96 cm),其中长度不能超过 17 英寸

图 2-1　匹克球

第 2 章 匹克球装备与选购

（43.18 cm）。通常球拍长为 15.5 ~ 17 英寸（39.37 ~ 43.18 cm），拍柄部分长 4 ~ 5.5 英寸（10.16 ~ 13.97 cm），宽为 7 ~ 8.25 英寸（17.78 ~ 20.96 cm）。最初球拍多为木质，后来也采用了玻璃纤维、碳纤维等新材料制作，弹性较小，表面比较光滑（图 2-2）。匹克球十分容易上手，但要想打好需要花费一定的时间和精力去学习技巧、提高体能和掌握合适的策略。

图 2-2　匹克球拍

2.1.1　匹克球的选择

1. 材质

匹克球通常由塑料制成，具有不同的硬度和弹性，选择时要考虑打球场地的类型和个人打球的风格。对于初学者，建议使用软塑料球，因为其更安全、更友好，能够减少对手腕和手臂的冲击。标准的匹克球有 26 ~ 40 个直径约 0.6 ~ 1 cm 的圆形孔洞，这些孔有助于控制球的飞行速度和轨迹。

2. 品牌和型号

市场上有多种品牌和型号的匹克球，选择时可以参考其他玩家的推荐或教练的建议。比赛用球最好采用经过权威机构认证的球。目前全球最权威的匹克球器械检测认证机构是美国匹克球协会 USAP，认证后器械上会有 USAPA 检测标签。

3. 耐用性

一些球可能更耐用，适合频繁使用或在较硬的表面上打。

4. 适应当地气温

中国地大物博，南北气温相差较大。气温在 20°C ~ 33°C 时通常选用常温球，气温在 20°C 以下则选用低温球为宜。

2.1.2　匹克球的保养

1. 保持球的清洁，避免与尖锐物品接触，以防划伤。

2. 存放时，应放在干燥、通风的地方，避免阳光直射和高温环境，这有助于保持球的形状和性能。

3. 定期用温和的肥皂和水清洁球，去除灰尘和污垢，然后用干布擦干。

4. 每次使用前检查球是否有裂缝或其他损坏，因为损坏的球可能会影响游戏的公平性并增加球员受伤的风险。

2.2　匹克球拍的种类与选购建议

2.2.1　匹克球拍的种类

1. 木质板球拍

最初的匹克球拍是木制的，适合发力，但相对较重。

2. 玻璃纤维板球拍

适用于休闲玩家，弹性好，力量适中，非常适合新手。

3. 碳纤维板球拍

轻巧、响应迅速，耐用性强，控制力出色，适合追求卓越性能的中高级别玩家或职业运动员。

第 2 章　匹克球装备与选购

4. 聚合物板球拍

由塑料混合物制成,通常最柔软、最灵活,打击时核心能精准压缩,适合噪声限制区附近的球场使用。

5. 复合材料板球拍

由两种或多种材料组成,面层可能由玻璃纤维、乙烯基、树脂或碳纤维等材料制成,提供不同的打球体验。

2.2.2　选购建议

根据规则,匹克球拍的长度和宽度之和不能超过 24 英寸（60.96 cm）,其中长度不能超过 17 英寸（43.18 cm）。球拍的厚度和重量并无限制,一般厚度为 10～21 mm,重量为 7～9 oz（198～255 g）。

1. 从结构方面看,匹克球球拍主要包括拍体（核心、表面、边缘保护层）、手柄、底胶和手胶。

（1）拍体核心:拍体核心对于球拍的稳定性起着关键作用。现代球拍的拍体材料通常为高分子聚合物构造的蜂窝结构,包括 Polymer（软弹）、Nomex（刚性尼龙,偏硬）,早期还有木质或铝合金等材质。

（2）拍体表面:拍体表面影响球拍的发力和摩擦。表面材料包括玻璃纤维（软,甜区往往较小）、石墨纤维、碳纤维（硬,甜区往往较大,常见型号为 Toray T300、T700、T800）等。目前,专业球拍多采用碳纤维表面。

（3）拍体边框保护层:边框会影响球拍的甜区,通常由硬质塑料材料制成。有些时尚球拍则是采用了无边框设计。

（4）手柄:手柄对于球拍的操控性非常重要。通常由拍体核心的延伸部分构成,外部包裹有起到缓冲作用的泡沫或橡胶材料等。手柄底部通常会有带有品牌标志的底盖。

匹克球 技艺、智慧与影响力

（5）底胶和手胶：底胶和手胶会直接影响手感，选用合适的手胶可以更好地发挥球拍的性能。手胶通常为合成材料，如聚氨酯或合成纤维。

2. 没有一支球拍能适合所有球员，也不存在最好的某个品牌的球拍。只有适合球员自己的才是最佳的球拍。在挑选球拍时可考虑以下参数。

（1）重量：越重的球拍越能避免击球造成的震动，但是挥动也越慢，对发力的要求更高。对于初学者而言，除非力气很大，否则建议考虑 8 oz（227 g）以内的球拍。女性球员建议考虑 7 ~ 8 oz（227 g）的球拍

（2）重心：重心越靠前，击球威力越大，但是不容易控制，对手感和发力要求更高。建议初学者考虑适中的球拍。

（3）拍柄长度：长拍柄往往意味着较大的击球范围，但是挥动较慢，对手感和发力的要求更高。建议初学者选适中长度的拍柄。双反球员建议选用长柄球拍。

（4）拍柄粗细：粗拍柄更容易发力，但是不方便调整持拍角度。对于初学者而言，除非手很大，否则建议选较细的拍柄。

（5）材质：匹克球的球拍最初是木制的，现在也有较轻的玻璃纤维、EVA、PE 材料、蜂窝纸、混合材料和碳纤维板的球拍。在使用和保养时，了解球拍材质的特性非常重要。

（6）拍面大小：拍面越大，往往甜区越大，容错性越好，但是挥动慢。甜区占拍面的比例是考察球拍科技含量的重要指标。建议初学者选拍面较大的球拍。

（7）拍面厚度：拍面越厚，对击球时震动吸收越好，甜区往往越大。市面上球拍的厚度主要是 10 ~ 21 mm，建议初学者考虑厚度至少为 14 mm 的球拍。

（8）拍面粗糙度：拍面越粗糙，越容易摩擦球制造旋转，反过来也越容易受到球旋转的影响。建议初学者考虑摩擦力较小的拍面。

（9）品牌：市场占有度较高的球拍品牌包括 Franklin、Joola、Onix、Engage 和 Selkirk。国产优质品牌主要有怪兽星球、昆仑派 Legendtek、Beesoul、威佩克 Winpick、Sweet Point 等。

2.2.3 球拍的保养

1. 使用后，用匹克球拍专用清洁海绵擦净胶面的污渍，去除灰尘和汗水，并确保球拍干燥。

2. 避免球拍受热，因为受热后易老化，弹性会降低。

3. 定期检查球拍的手胶是否老化不再吸汗，及时更换。

4. 当球拍不用时，应放在专用的拍套内，以避免或减少外力对球拍表面摩擦性能的影响，延长球拍的使用寿命。

2.3 匹克球专用鞋及其他装备推荐

一双能够提供良好支撑和缓冲的运动鞋可以减少球员在运动过程中脚和膝盖的冲击。鞋底的抓地力也很重要，可确保快速移动时的稳定性。

2.3.1 匹克球专用鞋推荐

对于匹克球运动而言，选择一双合适的专用鞋至关重要。以下是推荐的部分匹克球专用鞋。

1. Fila Volley Burst。作为著名运动品牌的匹克球专用鞋，有多种颜色选择，靓丽、舒适，保护脚踝。

2. Head Revolt Pro 4.5 23。这款鞋以其耐用性、舒适性、稳定性和灵活性而受到推荐。其使用了专为硬质球场设计的橡胶混合物，强化的网眼鞋面和模压支架能够有效减少磨损。

3. NikeCourt Air Zoom Vapor Pro 2 23。轻量级设计,适合需要快速移动并频繁改变方向的球员,具有出色的耐磨性。

4. Wilson Rush Pro Ace。注重耐用性和性能,使用 Duralast 橡胶外底,具有极佳的耐磨性和抓地力。

5. 匹克轻灵 1.0 篮球鞋。轻盈、透气,具有良好的缓震和耐磨性能;在实战中表现优异,不仅外观颜值高,而且非常耐脏;适合平时穿着,也能完全满足匹克球运动的需求。

6. 匹克态极游侠 2.0 篮球鞋。夏季新款,轻便、缓震、耐磨,专为实战设计。

2.3.2 其他装备推荐

1. 手胶用于球拍握把,可以增加握持的舒适度和防滑性能。

2. 铅带/条用于增加球拍重量,以及调整球拍的重心和稳定性。

3. 球包用于携带/收纳球拍、球鞋、球衣、眼镜、清洁海绵等。

4. 运动专用眼睛保护镜,建议无论室内室外,打球时都佩戴保护眼镜,避免意外伤害

5. 服装选择舒适、吸汗的运动服装,以保持干爽并减少运动中的阻力。避免穿着过于宽松或紧身的衣物,以免影响运动表现。

第 3 章　匹克球基础技术

3.1　握拍方法与转换

正确的握拍和施力技巧是学习打匹克球的基础。球员应该能够使用正确的技巧打出不同力量、速度、落点和旋转的球。不正确的握拍或施力方式可能会限制球员技术水平的提高，并可能导致受伤。

3.1.1　握拍方式

匹克球拍柄可以划分为 8 个侧面，见图 3-1。按照虎口所对拍柄不同位置，大致可以分为 4 种握拍方式，即大陆式（中性）、东方式、半西方式、西方式持拍。各种握拍方式的特点总结如下。

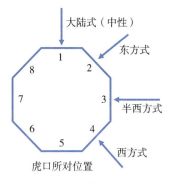

图 3-1　匹克球握拍方式

匹克球 技艺、智慧与影响力

1. 大陆式（中性）

虎口面向 1 号位置，即类似握菜刀或握锤子的姿势。右手握拍时，伸直手臂后正手拍面正对左侧。大陆式握拍特点是无论正手还是反手击球都很容易发力，可以快速进行正反手转换，但不利于制造摩擦。大陆式握拍可以用在大部分场景中。

2. 东方式

虎口面向 2 号位置，右手握拍时，伸直手臂后正手拍面略向左下方倾斜。相较于大陆式握拍，东方式握拍特点是正手可以打出更多的上旋动作，往往用在正手抽球或吊球中。

3. 半西方式

虎口面向 3 号位置。右手握拍时，伸直手臂后正手拍面向左下方倾斜。相较于东方式握拍，半西方式握拍特点是正手可以打出更多的上旋动作和击球角度，但很难打出下旋球。半西方式握拍可以用在正手位的后场抽球或前场截击中。

4. 西方式

虎口面向 4 号位置，即所谓的招财猫握拍。右手握拍时，伸直手臂后正手拍面朝向地面。西方式握拍是一种极端的握拍方式，完全放弃了反手位。因此，除了偶尔用于正手位网前高球扣杀外，很少在正式比赛中出现。

推荐球员以大陆式握拍和东方式握拍方法为主，并在比赛中根据具体情况随时进行调整。

3.1.2 握拍位置力度及转换

握拍时手掌应该适当放松，手心留空，握在手柄底部。如果握力 10 分为满分，握到 3～5 分即可（图 3-2）。正手抽球或吊球时，可以采用东方式握拍。示指轻搭在拍面上，以辅助感觉拍面角度。反手击球时，可以采用大陆式握拍，拇指可以抵在 7 号位置，以辅助发力和保持拍面稳定。

图 3-2　比赛中匹克球的握拍力度

3.2　基本步法与移动

步法是球类运动的灵魂所在，优秀的步法可以让球员始终在合适的位置击球；反之，球员在跑动中击球容易造成失误。使用步法的目的是给身体击打球留出合适的时间和空间，从而可以比较舒适地击球。

在匹克球这项运动中，除了掌握精准的击球技巧外，灵活多变的步法与移动能力同样至关重要。其不仅能够帮助球员迅速接近球的位置，还能在击球后迅速回位，为下一次击球做好准备。本节将详细介绍匹克球的基本步法与移动技巧。

3.2.1　基本步法

通常一个完整的步法可以分为四个关键阶段，即启动、移动、击球和还原。启动指球员通过垫步快速调整身体到准备状态，

匹克球 技艺、智慧与影响力

为移动做铺垫。移动指球员迅速将身体转移到最佳的击球位置。制动指球员将高速移动中的身体尽快减速,调整到相对静止的平衡状态以进行击球。还原指球员完成击球后,快速来到合适的场地位置,以准备下一拍击球。

1. 启动步法

启动步法在匹克球中扮演着至关重要的角色,决定了球员能否迅速且有效地从静止状态过渡到移动状态,以迎接来球。当判断到球的方向和落点后,球员需迅速调整身体重心,准备启动。通常采用小碎步或交叉步快速启动,以保持身体的平衡和灵活性。

(1)小碎步启动:是一种常见的启动步法,特别是在需要快速改变方向或启动时。球员通过小幅度的跳跃使双脚同时离地,然后迅速调整方向并落地,以便更快地移动到球的位置。

(2)交叉步启动:类似于小跳步,但双腿在跳跃时分开更大的距离,有助于增加稳定性和改变方向时的速度。

(3)小跳启动:是一种常见且实用的启动步法。当预判到球的落点后,球员可以通过轻微跳跃快速启动。这种步法的关键在于利用腿部力量进行短促的跳跃,使身体获得向前的动力。小跳启动能够帮助球员迅速改变静止状态,快速接近球的位置。

(4)分腿跳启动:是一种更具爆发力的启动方式。球员在启动时,双腿同时用力蹬地,使身体迅速跃起并向前移动。这种步法的优势在于能够迅速产生向前的冲力,适用于需要快速接近远距离球的情况。

(5)单脚蹬地启动:是一种依靠单腿力量推动身体前进的步法。球员预判球的方向后,用一只脚用力蹬地,同时身体向球的方向倾斜。这种启动方式适用于需要快速转向或侧移的情

第 3 章　匹克球基础技术

况,能够迅速调整身体方向并启动移动。

（6）转身启动:当球在球员的背后或侧面时,转身启动非常有效。球员通过快速转身面向球的方向,并立即启动移动。转身启动的关键在于保持身体的平衡和灵活性,以便在转身的同时迅速进入移动状态。

这些启动步法各有特点,适用于不同的球场情况和球的轨迹。球员应根据具体情况选择合适的启动步法。通过反复练习和模拟比赛场景,球员可以逐渐熟练掌握这些启动步法,并在实际比赛中运用自如,提高反应速度和移动效率。

此外,值得注意的是,启动步法与移动步法是相辅相成的。一个高效的启动能够为后续的移动打下良好的基础,使球员能够更快速地到达击球位置并做出准确的击球动作。因此,在练习过程中,球员应注重启动步法与移动步法的结合训练,以提高整体的移动能力。

2. 移动步法

在匹克球中,移动步法至关重要,其决定了球员能否及时到达合适的位置进行击球。以下是一些关键的移动步法,可以帮助球员在球场上更加灵活自如。

（1）交叉步:当需要快速改变方向或侧向移动时,交叉步特别有效。执行时,一只脚交叉迈过另一只脚,如此反复,可以快速侧向移动而不失平衡。

（2）并步:并步适用于小范围内的快速移动或微调位置。通过快速地将一只脚移动到另一只脚旁边,球员可以保持稳定的姿势并准确击球。

（3）转体步:当球在球员身体后方或需要快速转身时,转体步非常有用。以一只脚为支点,身体快速转动,同时另一只

匹克球 技艺、智慧与影响力

脚跟随转动，以面对球的方向。

（4）小碎步调整：在需要微调位置以准备击球时，可以使用小碎步进行快速调整。这种步法允许球员在短时间内做出精细的位置调整，以确保准确的击球姿势。

（5）滑步：滑步是一种高效的移动方式，特别是在需要覆盖较大距离时。通过推动一只脚并使其在地面上滑行，同时另一只脚跟随，可以实现快速且平稳的移动。

（6）跳跃移动：在需要迅速改变位置或处理高空球的情况时，跳跃移动非常有效。球员可以通过单脚或双脚跳跃快速接近球的位置，同时保持身体的平衡。

这些移动步法需要根据球场上的具体情况灵活应用。在实际比赛中，球员应根据球的轨迹、速度和自己的位置判断使用哪种步法最为合适。通过不断的练习和比赛经验的积累，球员将能够更加熟练地应用这些步法，提高在匹克球比赛中的表现。

3. 击球步法

（1）细碎调整步是在准备击球前，球员可能需要微调位置以确保最佳的击球点。其允许球员在短时间内做出精细的位置调整。

（2）单脚旋转调整：当球的方向突然改变时，可以通过单脚为轴心进行快速旋转，以调整身体面对球的方向。

根据球的位置和高低，选择合适的步法接近球。对于低位的球，可采用并步或交叉步降低重心，便于击球。对于高位的球，则可采用小跳步或单脚起跳的方式击球。

4. 还原步法

击球后，球员应迅速调整步法回到场地的中央位置，为下一次击球做好准备。通常采用快速转身或侧向滑步的方式回位。

（1）快速转身回位：击球后，快速转身并调整步法回到场地的中央位置，为下一次击球做好准备。

（2）侧向滑步回位：如果击球后身体位置偏向一侧，可以通过侧向滑步快速回位，保持对场地的全面覆盖。

3.2.2 使用场景

1. 双打中典型使用步法场景

（1）前场吊球时随球左右前后跑动。

（2）后场吊球之后随球快速跑到网前。

（3）对方挑球时快速后退跳杀，或跑到后场。

（4）己方回球质量较差时，主动后退防守对方截击。

2. 单打中典型使用步法场景

（1）有较好的进攻机会时，主动跑到网前准备进攻。

（2）对方回球角度很大时，快速随球跑动准备回球。

（3）对方挑球时快速后退跳杀或跑到后场。

（4）己方回球质量较差时，主动后退防守对方截击。

3.2.3 移动技巧

1. 侧向移动

当球在身体一侧时，需要快速侧向移动击球。保持身体平衡，通过交叉步或并步侧向移动。

2. 前后移动

根据球的前后位置，调整自己的站位。向前移动时，可采用小跑或大步走的方式；向后移动时，则要注意保持身体的稳定性和控制重心。

3. 转身移动

当球在身体后方时，需要快速转身击球。以一只脚为轴心，迅速转身并调整步法接近球。

4. 跳跃移动

对于高位的球或需要快速接近的球，可采用跳跃的方式移动。注意跳跃时的身体控制和落地时的稳定性。

3.2.4 步法与移动的训练方法

1. 多球训练

通过连续击打多个球锻炼步法与移动的灵活性和反应速度。

2. 反应球训练

教练或队友在不同位置抛出或击出不同方向的球，要求练习者迅速反应并移动到合适的位置击球。

3. 障碍训练

在场地上设置障碍物，要求练习者在移动过程中避开障碍物并击球，以锻炼移动的灵活性和准确性。

4. 组合步法训练

将不同的步法组合在一起进行练习，以提高步法的多变性和连贯性。

3.3 发球技术

发球和接发球的目的是为下一拍击球做好准备，避免给对方提供较好的进攻或上网机会。在高水平比赛中，除非双方水平差距悬殊，否则通常较难通过发球或接发球直接得分。单打比赛中，由于球员要覆盖更大的场地范围，对发球和接发球的质量要求往往更高。

匹克球发球要站在底线后，发到对角半区，即从非截击区线（不包括）开始到底线的区域内。球员喊出比分后，要在 10 秒内完成发球（图 3-3）。

图 3-3　截击区右侧站位

发球包括截击式和自由落地式两种。截击式是将球释放后直接击打发球，要求球拍触球时，手臂必须沿向上弧线挥动，球拍最高处不能高于手腕水平线，且球与球拍的接触点不能高于腰部。自由落地式是让球自由下落，触地弹起后再击打球，此时无挥拍和击球高度限制。为增加回球难度和阻碍对方快速上网，发球要尽量落在底线附近，注意不要出界。

发球时可以通过发到不同位置（如对方偏正手位、反手位或中间位）和不同高度、速度等方式试探对方回球质量。通常快球、低球和反手位置的球较慢球、高球和正手位置的球更难处理。当对手站位较偏或跑动较慢时，可以通过变化发球调动对手取得主动。

单打时发球可以结合变化旋转和落点调动对方站位，例如结合反手位置的左下旋长球和正手位置的右上旋短球，或者中路的上旋和不转球。双打时可多发中路长球，以降低对方回球质量，无法及时随球跑到网前（图 3-4）。

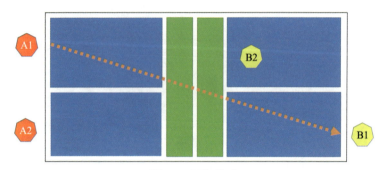

图 3-4 双打发球

发球的力量来自腿部。球员通过蹬地转腰，将力量从腿部传递到躯干，之后躯干带动胳膊挥动，将力量经由手指传递到球拍，最终将身体力量鞭打到球。在击打到匹克球前，身体应当处于放松状态。在击打到球瞬间，手指抓紧球拍，将身体力量集中稳定地释放到球上。

由于匹克球较为光滑，发球动作应以击打为主，可配合适量旋转。球员应当至少掌握上旋发球与不转发球。发球首先要保持一致性，避免失误；其次是打好落点，最后配合力量和旋转。

3.4 接发球技术

接发球是匹克球比赛中的第一拍，决定了比赛的开局节奏，甚至可能影响整场比赛的走向。高质量的接发球可以有效限制对方的进攻，创造己方的进攻机会。因此，接发球技术的熟练与否直接关系到运动员在比赛中的表现。匹克球的发球技术可以归纳为以下几个要点。

（1）发球位置：发球者必须站在底线后面，发球应发到对角的半区内（图 3-5）。

（2）发球准备：在发球前，发球者需要喊出当前的比分，然后必须在 10 秒内完成发球。

图 3-5　发接发训练

（3）发球类型：匹克球的发球主要有两种形式，即截击式和自由落地式。

（4）截击式发球：将球释放后直接击打。在击球过程中，球拍必须沿向上的弧线挥动，球拍在最高点不能超过手腕的最高点，且球与球拍的接触点不能高于腰部。

（5）自由落地式发球：让球自由下落，触地弹起后再进行击打。这种方式没有挥拍和击球高度的限制。

（6）发球目标：发球时应尽量将球发到底线附近，避免出界，以增加回球的难度，阻碍对方快速上网。

（7）发球姿势：主要有开放式与封闭式发球两种。开放式是双脚打开与肩同宽，封闭式是双脚一前一后，身体微微前倾，以保持平衡和准备随时移动。握紧球拍，但不过于紧张，以免影响手腕的灵活性。

（8）发球动作：抬起球拍，准备击打球的底部，使其弹起。

匹克球 技艺、智慧与影响力

发球时,必须以下投手势发球,即手臂以向上沿圆弧方向移动,球拍接触球的点必须低于手腕。球与球拍的接触面(发球点)应位于腰部以下,确保发球符合规则。

(9)发球规则遵守:发球时,双脚必须站在底线外,不可踩线或越过底线。发球必须落在斜对面球场的接球区内,不可压到非截击线。

(10)发球策略:根据对手的位置和反应速度,调整发球的速度、方向和高度,以制造接球难度。在单打比赛中,发球方需根据得分情况,在左右发球区轮流发球;在双打比赛中,发球永远从右手边的球员开始,如果该球员能保有发球权,则一直在左右发球区轮流发球。

(11)发球变化:可以通过改变发球的位置(正手位、反手位或中间位)以及发球的高度、速度和旋转试探对方的回球质量。

(12)发球动作:发球时,力量应来自腿部,球员通过蹬地转腰将力量传递到躯干,然后由躯干带动胳膊挥动,最终通过手指抓紧球拍将力量传递到球上。

(13)发球技巧:在击球瞬间,球员身体应处于放松状态,击球时手指抓紧球拍,集中稳定地将力量释放到球上。由于匹克球表面光滑,发球动作应以击打为主、旋转为辅。(图3-6)

(14)训练方法:可以通过多球练习训练发球,目标是能连续发球到指定区域内,一组50个,每天不少于10组练习。熟练后可以练习发出不同旋转的发球,并能回击不同旋转的发球。

第 3 章　匹克球基础技术

图 3-6　匹克球非截击区准备接球

3.5　旋转

旋转是球类运动的重要魅力之一，合理使用旋转可以更好地控制球的飞行轨迹和落点。

3.5.1　常见旋转类型

不同方向的旋转会造成球飞行轨迹的不同偏移。根据旋转方向，旋转可以大致分为以下种类（图 3-7）。

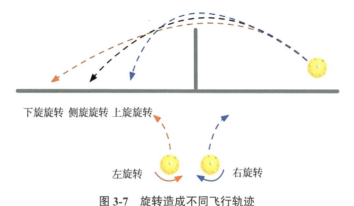

图 3-7　旋转造成不同飞行轨迹

31

(1) 上旋：球向前快速滚动，造成飞行轨迹急坠，落点较非旋转球近，球落地后旋转加速，向前窜出。

(2) 下旋：球向后快速滚动，造成飞行轨迹较平，球落点较非旋转球远，球落地后向前移动较慢甚至后退。

(3) 侧旋：主要包括左侧旋或右侧旋，球会向旋转方向发生偏移。

3.5.2 何时使用旋转

旋转的主要目的是控制回球轨迹和落点，可在以下场景中考虑使用。

(1) 发球：通过添加旋转造成对方对球飞行轨迹产生误判。

(2) 吊球：通过不同旋转造成对方击球位置欠佳，回球过高或下网。

(3) 抽球：通过上旋避免球路过长或出界。

(4) 截击：通过旋转造成对方位置预判失误。

(5) 绕网柱回球：通过侧旋使己方从场外侧的击球落到对方场内。

注意添加旋转打出的球，由于部分能量变成转动而不是飞行速度，会造成球速偏慢，同时挥拍时间更多。因此，当球员希望打出很快速度的球或快速回击时，尽量少加旋转。

3.5.3 匹克球的旋转特点

匹克球的旋转并非单纯靠拍面摩擦球产生，而是通过球拍击打球的不同位置，同时转动拍面包裹球产生。因此，在使用旋转时，要以击打为主，配合对球的包裹推动，做到"先打后磨"。一般而言，表面粗糙的球拍会增加对球的摩擦，有助于制造旋转。

匹克球的旋转不算很快，通常低于 20 转 /s（网球可以超过 50 转 /s，乒乓球可以超过 100 转 /s），球的飞行也较慢。旋转对球的飞行轨迹影响较小，但会改变球触地后的运动方向。图 3-8 比较了常见球类运动的最快旋转和飞行速度。

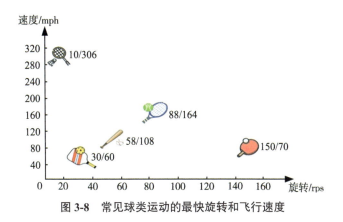

图 3-8　常见球类运动的最快旋转和飞行速度

3.5.4　训练方法

可以通过以下几种方法训练对旋转的理解和应对，注意体会柔和击打球不同位置后造成的不同旋转。

（1）颠球制造旋转：让球在球拍上弹起，体会以不同方向削球时制造的不同旋转。

（2）发球制造旋转：击球不同位置，发出不同旋转的球，观察其落地后轨迹。

（3）回球制造旋转：击球不同位置，回出不同旋转的球，观察其飞行轨迹。

（4）多球训练：一方发出特定旋转的来球，另一方击打到指定位置。

第 4 章　匹克球进攻技术

4.1　正手击球技巧

4.1.1　握拍方式

匹克球拍柄可以划分为多个侧面，根据虎口所对拍柄的位置大致分为大陆式（中性）、东方式、半西方式、西方式握拍。正手击球时，推荐使用大陆式或东方式握拍，即将虎口面向拍柄的 2 号位置，这样可以打出更多的上旋动作，有利于控制球的飞行轨迹和落点。大陆式握拍适合快速的正反手转换，而东方式握拍有助于在正手击球时产生更多的上旋。

4.1.2　准备姿势

在准备击球时，球员应将球拍放在胸前，拍头指向正前方或略微偏向反手位置，以便随时准备击球。稳定的击球方式非常重要，使用球拍的甜区击球可以确保球的飞行方向与拍面方向一致，并使击打的力量充分传递到球上。

4.1.3　击球点

击球点应在球员身体的前方，尽量在球的轨迹高点附近击球，这样可以更好地控制球的方向和深度。

4.1.4　击球动作

使用球拍的甜区击球，确保球的飞行方向与拍面方向一致。

在击球瞬间，手指要握紧球拍，保证力量稳定地传递到球上。

4.1.5 发力技巧

正手抽球或吊球时，力量来源于腿部，球员通过蹬地转腰的方式，将力量从腿部传递到躯干，躯干带动胳膊挥动，最终通过手指抓紧球拍，将力量鞭打到球上。这个过程中，身体各部分（特别是胳膊和手指）应先放松，击球时瞬间收紧发力，击球后再自然放松。

4.1.6 拍面控制

在击球过程中，要保持拍面角度稳定，避免因拍面不稳定导致球的方向偏离预期。

4.1.7 随挥动作

击球后，胳膊应沿着球的飞行方向持续发力，让球拍自然跟随送出，这有助于增加击球的力量和稳定性。

4.1.8 身体协调

在击球过程中，球员身体各部分（特别是胳膊和手指）应先放松，在击球瞬间收紧发力，击球后再自然放松，通过由松到紧的过程产生较大的力量。

4.1.9 步法移动

在击球前，球员使用适当的步法移动到合适的击球位置，确保身体稳定，以便能够准确地击打球。

4.1.10 训练方法

球员可以通过一些特定的练习提高正手击球能力，例如蹬地转腰练习、颠球体会手指发力、正手多球击球训练等，也可以通过多球练习、回球练习和对墙击球等方式提高正手击球的技巧和稳定性。这些练习需要坚持长期训练，并注意保护身体，适度休息，以免因过度疲劳或不正确的练习姿势造成伤痛。

正手击球是匹克球中常用的技术之一,通过正确的握拍、准备姿势、击球点选择、发力技巧和身体协调可以有效提高击球的质量和控制力(图4-1)。

图4-1 正手击球

4.2 反手击球技巧

4.2.1 握拍方式

反手击球时,可以采用大陆式握拍,拇指可以抵在拍柄的背部,以辅助发力和保持拍面稳定。

1. 单手反手(单反)

持拍灵活,接球范围大,回球角度大,对手更难判断。缺点是对力量要求高,往往需要更多引拍,同时击球稳定性差,容易失误。

2. 双手反手(双反)

能用较短的引拍打出更大力量,稳定性更高。但持拍变化少,接球范围小，回球角度相对受限。

4.2.2 准备姿势

与正手击球类似，球员应保持身体朝向球，并将球拍放在胸前，拍头指向正前方或略微偏向反手位置（图4-2）。

图 4-2　反手击球

4.2.3 击球点

反手击球时，击球点也应在身体的前方，尽量在球的轨迹高点附近，以便更好地控制球的方向和深度。

4.2.4 发力技巧

尽管是反手，但力量的来源依然是腿部。球员通过蹬地转腰的动作，将力量从腿部传递到胳膊，最终通过抓紧球拍的手指传递到球上。

4.2.5 拍面控制

在反手击球时，保持拍面角度稳定，确保击球时拍面与球的正确接触，避免因拍面不稳定导致球的方向偏离预期。

4.2.6 身体协调

在反手击球过程中,身体各部分应协调运动,特别是胳膊和手指,在击球瞬间收紧发力,以增加击球的力量。

4.2.7 步法移动

使用适当的步法移动到反手侧,确保在稳定的位置上进行反手击球。

4.2.8 反手击球方式

反手击球可以通过单手持拍进行,以获得更大的发力空间和更广的击球角度。如果球员力量不足或需要更稳定的出球角度,也可以采用双手反拍击球。

4.2.9 训练方法

可以通过多球练习、回球练习和对墙击球等方式提高反手击球的技巧和稳定性,特别是对墙击球,可以帮助练习者提高反手击球的准确性和力量。

4.2.10 心理准备

在反手击球时,球员心理准备也很重要,保持专注,预判球的轨迹和落点,以便及时做出反应。

反手击球在匹克球中同样重要,尤其是在正手位不易触及球的情况下。通过掌握正确的握拍、准备姿势、击球点选择、发力技巧和身体协调,可以提高反手击球的效率和成功率。

4.3 截击与高压技术

截击和高压是匹克球中的关键技术,截击通常用于快速进攻,而高压则用于战术上的调整和节奏变化。掌握这些技术需要经过不断练习和积累实战经验(图4-3)。

第 4 章 匹克球进攻技术

图 4-3 截击与高压技术

4.3.1 截击技术（Volley）

截击技术是匹克球领域中最常见且极为有效的进攻手段之一，尤其是在双打比赛中，这一技巧的熟练应用至关重要，通常是决定胜负的关键。截击是指在球落地之前，球员在其飞行过程中进行击打的动作。截击球通常留给对方的回球时间较短，较难处理。专业比赛在网前快速截击对攻时，球员需要在 1/4s 内反应并完成击球。

根据截击发生的位置，可以分为后场截击、中场截击、近网截击。①后场截击：对方给出后场高球时，可以通过头顶区点杀截击逼迫对方后退。②中场截击：中场截击多为己方在打出第三拍后场吊球时，对方回出长球。此时应当柔和发力，将球借力顺势放入对方网前，同时快速移动到网前。③近网截击：对方控球不到位，给出网前高球，可以通过快速击打球获得比分。

当近网球过网较低时，要避免发力过大造成出界，可以轻推球到后场或柔和发力尝试进攻。网前截击要注意避免脚触碰非截击区（包括边线）。另外，根据截击时球的高度不同，近网截击可以分为平抽截击、半高球截击和头顶上方截击。特殊时候，比赛双方有时会在网前相互平抽截击对方来球，形成较快的回合。

1. 何时使用截击技术

当对方未在网前且回球较高时，容易造成好的进攻机会，此时可以通过截击压迫对方在后场或直接得分。当对方在前场吊球，回球较远或较高时，可以通过截击尝试进攻得分。

2. 掌握截击

首先要做到移动到位，预测球的轨迹，移动到球的前进方向击球。截击球位置应当比非截击球要更早一些，特别是当对方给出后场高球时，要快速侧身后退到位。另外，截击时架拍要稳定，尽量正拍面击球。

平抽截击时，可以适当添加上旋。要尽量让回球过网时较低，过网后往下飞行。落点应当以对方空当为主，也可以选择截击对方脚踝位置或两人之间位置（双打时），一般避免截击腰部往上位置，避免球出界。除非较有把握，一般也不建议打到边线，容易失误出界。当对方在网前时，可以尝试将球打到对方持拍手肩部。

当来球较高时（尤其是头顶球）时，应提前做好架拍动作。这个类似羽毛球杀球动作通过转动躯干和内旋胳膊发力，击球瞬间抓紧球拍，保持拍面稳定。截击高球要注意打出速度、深度和角度。此时，可以通过大力击球到后场迫使对方接球失误，落点可结合中间和边线附近。

第4章 匹克球进攻技术

当双方在网前快速来回截击时，应保持手臂稳定，通过较小的动作（手腕或手指）迅速抓紧球拍快速发力。尽量保持回球过网后向下飞行，同时多打对方的空当处。

3. 防守截击

防守截击的关键在于快速移动到合适的位置，特别在对方网前有较好截击机会时，要及时后撤，降低重心准备回球。

防守截击球有两种方式，即空中截击或触地后再击球。当对方打出较平的截击球或来球离身体较近时，可以尝试在空中直接截击回球，注意身体重心要稳定，动作要小。对方来球较低时，采用借力方式柔和击球回到网前；如果对方来球较高，可以主动发力下压；当对方从较高位置下压截击，或来球离身体较远时，可以等球触地跳起后再击球，此时多采用后场吊球或抽球方式。当对方来球较快时，注意以借力为主，让球高抛过网后落下，落点可以尽量靠近网前或者挑高到后场。

防守截击球后，要尝试随球向前移动。当己方回球质量较高时，可以直接移动到网前，准备进入前场吊球环节，否则在中场准备过渡后二次上网。

4.3.2 挑球技术（Lob）

挑球技术十分接近羽毛球的挑后场技术。该项技术容易被人忽略，但若在实战中应用得当，可以有效改变节奏，打开新的局面。挑球技术也叫挑后场技术，主要是指将球挑高，使其落到对方后场的技术。适当使用挑球技术可以迫使对手回到后场，改变比赛节奏，为进攻创造机会。

1. 挑球时机

当对方在网前施加压力或需要重新调整己方站位时，使用挑球将对手逼回后场。球员需要准确判断何时在空中直接打高

41

压球，当高吊球非常高、球在靠近网前下落或者球员不准备在空中击球时，可以选择让球反弹后再进行高压击球。

2. 步法移动

球员根据球的位置快速移动并调整站位，为挑球做好准备。

3. 架拍动作

挑球时，拍面应略微开放，以便给球施加足够的高度。采用适当的握拍方式（如大陆式或西方式握拍），并保持身体平衡，以便在球下落时准确击打。

4. 击球技巧

挑球的核心要点在于要让球的飞行轨迹高于对方起跳后的位置，避免对方在半空截击。因此，挑球的抛物线高点应该在接近对方中场位置，使球在底线附近垂直下落，并且不出界。在高压击球时，球员应找准击球点，通常在球的下落过程中进行击打，同时需要控制好击球的力量和方向，以确保球能够准确地落在对方场地内。

（1）利用腿部和上身的力量将球挑过对方头顶。

（2）击球时，拍面应从低至高，给球一个向上的弧度。

（3）网前挑球时，动作要尽量与前场吊球一致，避免对方预判截击。

（4）控制球的飞行高度，刚好过对方头顶时截击为佳。

（5）控制球的落点，尽量接近底线附近，通常可以使用偏反手位，让对方更难处理。

5. 挑球类型

根据挑球时球员的位置，可以分为以下三类（图4-4）。

（1）后场挑球：从后场位置将球挑到对方后场，多用于过渡以调节比赛节奏。为避免挑球出界，可以适当加上旋。

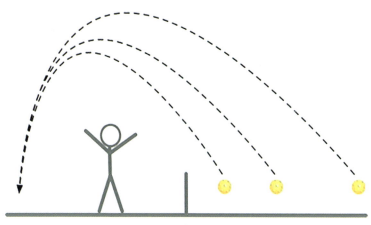

图 4-4 挑球的三种类型

（2）中场挑球：在中场位置将球挑到对方后场，具有较大的攻击性。例如当对方正快速跑到网前时，可以有效破坏对方的上网节奏。

（3）近网挑球：当对方在网前回球较高时，或当对方前场吊球回球质量较低时，前场挑球可以迫使对方退到后场。往往会产生较好的下一拍进攻机会。

6. 防守挑球

当对方挑球时，应当首先快速判断是否能直接跳杀截击。如能截杀，应当快速跳起，利用手腕转动和手指抓紧的力量将球下压，目标可为对方脚下位置或空当处。如果不能截杀，应当快速侧身，随球迅速跑向球落地位置的前方，等球落地弹起后击打球。回球应当以后场吊球为主，并且及时随球跑到网前。注意侧身时要直接蹬地，不要将非握拍侧脚先向前一步，否则很容易造成触碰非截击区而失分。这在专业比赛中也屡见不鲜，如图 4-5 所示。

图 4-5 截杀挑球时，非持拍侧脚触碰非截击区

7. 训练方法

（1）多球练习，提高挑球的控制性和准确性。

（2）与搭档进行挑球和回球练习，模拟实战中的攻防转换。

4.4 穿越与放小球技巧

穿越球和放小球都是匹克球中重要的战术击球方式。穿越球可以拉开对手距离，创造进攻机会；放小球则可以迫使对手频繁移动，打乱对方节奏。掌握这些技巧需要球员具有良好的球感、准确的控制和对比赛情况的快速判断。球员通过持续练习，可以提高这些技巧的执行效率和战术效果。

在匹克球中，"穿越"（Cross-Court Shot）通常指的是将球击打到对方场地的对角线方向，这是一种可以拉开对手距离、创造空当的击球方式；而"放小球"（Drop Shot 或 Dink）则是一种轻触球技巧，目的是让球在对方场地的非截击区（靠近网前）落地，迫使对手上网。

4.4.1 穿越（Cross-Court Shot）

1. 目的

穿越球通常用于拉开对手的距离，创造空当或调动对手跑动。

2. 击球准备

在击球前，要预判对手的站位和可能的移动路线，选择合适的穿越角度。

3. 匹克球穿越技巧

（1）直线穿越：线路短，留给对手的反应时间最短；需要打出快速的回球，并利用适当的上旋保证过网高度；直线穿越在所有穿越中使用率最高，约占70%。

（2）斜线穿越：需要从球网中心处以更低的高度过网，并打出犀利的角度；采用上旋包裹较追求球速更有效；如果对手封网面积较大，应避免使用斜线穿越。

（3）上旋挑高球：当对手贴网很近时，上旋挑高球是一个好的选择；要领是球要够高、够旋，最好瞄准底线的两个角。

（4）把球打到对手脚边：当对手未及时靠近网前时，可以用下旋将球切到对手的"无人区"。这样对手不得不做出不舒适的低位截击，导致回球质量下降。

4. 力量与控制

穿越球需要球员有良好的力量控制，以确保球既有足够的速度，又能落在对方场地的合适位置。

5. 训练方法

（1）与搭档进行穿越球练习，提高击球的准确性和控制性。

（2）对墙练习，提高力量控制和击球角度的精确度。

匹克球 技艺、智慧与影响力

4.4.2 放小球（Drop Shot 或 Dink）

1. 目的

放小球是一种防守转攻的技巧，球员通过轻触球使其在对方网前落地，迫使对手从远处跑动至网前。

2. 选择时机

在对方远离网前或站位较深时，选择放小球的时机。当对手前后移动慢或网前技术差时，可以放小球将对手从后场引至前场。对手站在后场或大角度跑出场外时，突然放小球使对手来不及到位。

3. 击球技巧

眼睛看球，小臂放松。在击球的瞬间减慢挥拍速度，拍面向上转动。击球的下半部以增强摩擦力，减少向前的力量。使用拍面的中心轻触球的下部，给球一个轻微的下旋。控制力量，确保球不会过网过高或飞出界外。

4. 步法移动

在放小球后，球员要迅速调整位置，准备迎接对方的回球，可能需要上网或回到场地中间。

5. 练习方法

站在原地，将球释放，用反拍切球方式让拍面凌空切球，注意不要让球落地。自己抛球待落地反弹后，用下旋方式切球，控制球在自己一侧的球场内，且球落地后能产生向后反弹的效果。站到球场中间区域，自己抛球待落地反弹后，用下旋方式将球切过球网，让球过网后落在距离球网 2～3 m，且落地后能产生向后反弹的效果。

6. 注意事项

放小球的距离要理想，避免太深或太浅；动作要隐蔽，以

第 4 章 匹克球进攻技术

同样的准备动作选择放小球或平削到底线；随挥后身体重心向前，以保持平衡和准备下一次击球。

7. *训练方法*

（1）练习控制力量，使球在对方场地的非截击区落地。

（2）与搭档进行放小球和接放小球的练习，提高反应速度和移动能力。

4.5　前场吊球和后场吊球技术

4.5.1　前场吊球（Dink）

前场吊球也叫前场吊球或丁克球，是匹克球比赛中最常见的相持技术，也是后场吊球技术的前提。如果不掌握前场吊球技术，很难进阶较高水平。

前场吊球是指在网前将球打到对方非截击区内的动作。通常其弧线较平，过网较低（一个球高度以内为佳），落入对方非截击区的前半区或区域线附近。

1. *分类*

前场吊球在双打项目中经常使用，按照目标区域，大致可以分为以下三种（图 4-6）。

（1）直线球：直线球是指将球打到自己所面向的对手区域，例如自己站位在左半区，将球放入对方的右半区内。直线球通常更容易控制，但可能出现轨迹较高或落点较远情况，容易被对方进攻。

（2）斜线球：斜线球是指将球打到交叉的对手区域，例如自己站位在左半区，将球打到对方的左半区内。斜线球距离更长，由于从球网中部过网，不容易被拦截，并且落地后有一定角度，使对方更难处理。但是如果球落地弹起后超出场地边线较多，对方很容易进行绕过网柱进攻（ATP），要注意防护。

（3）中间球：中间球多用于双打比赛，是指将球放入对方两名球员中间空当，由于此时两人皆可以回球，会对及时判断造成一定的困难。

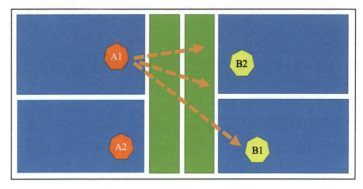

图 4-6　三种前场吊球线路

2. 何时使用前场吊球

当对方网前回球较短或较低时，此时己方没有较好的截击机会，可以等球触地弹起后使用前场吊球。当对方回球较长但不容易进攻时，可以在球落地前以拦截方式进行前场吊球。前场吊球首要目的是在没有好的进攻机会时，通过防守避免对方有较好的进攻机会，同时调动对方，在相持中创造己方进攻机会；当对方回球过高、过长时，可以通过截击进攻。

3. 前场吊球技术

好的前场吊球要避免回球过远、过高，使对方可以形成截击或下压。击球前球员站位应当尽量靠近非截击区线，注意降低身体重心柔和击球，控制球轨迹过网较低，使球过网后下坠（图 4-7）。

第4章 匹克球进攻技术

图 4-7 前场吊球时要注意控制球的轨迹过网较低

有多种方法可以打出前场吊球，最简单、高效的方法是推球。推球时，球员应注意手腕要固定，控制球拍角度稳定指向网袋上方。击球时无须引拍，以肩为轴，胳膊直接向前发力击打球，使球到达目标落点。为了保证出球轨迹稳定，球员在击球后胳膊继续推动球拍跟随30 cm左右。推球时注意以击打为主，不要刻意制造旋转。击球后迅速还原到准备姿势，将球拍架在胸前。

掌握基础的推球式吊球后，可以结合旋转，给对方回球增加难度，具体如下：①上旋：下坠较快，落地后向前窜，同时会造成对方回球过长、过高。上旋球轨迹较高，一般应以对角回球为主。②下旋：落点较长，挤压对方接球空间，同时球弹跳较低，回球不易借力，容易下网。③侧旋：轨迹偏向侧方，回球不易控制路线，容易出界或被预判。球员在掌握旋转后，可以练习使用同一动作打出带有不同旋转的前场吊球。

以防守为目的时，球的落点尽量在非截击区的前半区，避

匹克球 技艺、智慧与影响力

免对方进攻。主动调动对方时，球员可以将球打到远离对方的区域（如非截击区线与边线夹角、双打中两人中间）或对方脚下，迫使其移动。另外，还可以尝试给出半长球，让对方难以判断应该直接截击球还是等球触地弹起后再击球。

4. 训练方法

前场吊球对手感要求较高，要适应不同节奏下对球的控制，球员可以通过以下训练提高前场吊球质量。

（1）颠球练习：使用球拍连续颠球，可以控制球的高度，控制球旋转或不旋转，并且可以采用正反拍面交替颠球。每次连续颠球应不少于100个，每天进行不少于5组练习。

（2）多球练习：陪练人员将球打到非截击区域内，球员将球打到指定目标区域内，球过网较低。每次连续前场吊球应不少于50个，每天进行不少于10组练习。先练习直线球，稳定后再练习斜线球。

（3）动态练习：陪练人员和学员在网前水平移动，同时进行前场吊球训练。

（4）前场吊球中进攻练习：在吊球中寻找机会主动进攻，同时将对方的进攻球转为网前球。

5. 注意事项

（1）当没有好的进攻机会时，保持耐心，时刻观察对方站位和意图。

（2）身体随球移动，跑到球前进方向，但击球时重心要保持稳定。

（3）在身前击球，在球前击球，在呼气时击球。

（4）手腕和肘部要固定，用身体和肩膀带动胳膊发力。

4.5.2 后场吊球技术（Drop）

后场吊球技术是匹克球最核心的技术之一，可以让球员有机会从后场移动到网前。如果不掌握后场吊球技术，那么便无法进阶到较高水平。

后场吊球是指球员在中后场将球回到对方非截击区域内的动作（尽量靠近前半区），同时自己要在对方回球前跑到前场或网前。后场吊球可以简单地理解为从中后场打出的吊球（图 4-8）。

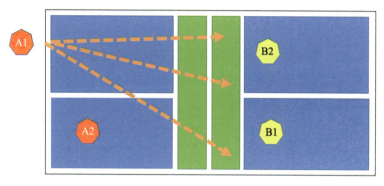

图 4-8　三种后场吊球线路

1. 何时使用后场吊球

当己方处于中后场，对方等在网前时，可以通过后场吊球控制对方无法进攻，进而让己方快速跑到网前，形成相持。专业比赛中，经常会在第三拍中使用后场吊球，实现从后场被动到网前主动的转换。

2. 掌握后场吊球

后场吊球要避免回球过远、过高，使对方可以截击球或持续击球到后场。相较于前场吊球，后场吊球击球点更为靠前，向前发力更多。在击打到球的瞬间，球员身体要处于稳定状态，

匹克球 技艺、智慧与影响力

避免重心不稳定造成击球动作晃动。击球结束后,身体顺势向前,准备跟随到网前。为了避免下网,球飞行轨迹的高点应该在网袋附近。当后场吊球质量较差时,球员要在中后场等待,准备再次进行后场吊球。

3. 训练方法

首先练习不带旋转的推球式后场吊球,然后练习带有旋转的后场吊球。注意要配合步法,击球后随球跑到网前。

(1)定点练习:球员从非截击区线向后退一步,进行定点后场吊球训练。掌握后,再后退一步进行训练,直到退到后场线的后方。

(2)跑动练习:球员掌握定点后场吊球训练后,可以进行跑动中后场吊球训练。陪练将球打到后场,球员后场吊球并跟随球跑动到网前。

4.6 抽球技术

抽球(Drive)技术是匹克球最常用的进攻技术之一。尤其是单打比赛中,掌握抽球技术是赢得比赛的关键。单打比赛中经常通过抽球调动对手,双打比赛中可以使用抽球进攻或过渡下一拍。高质量的抽球甚至可以直接得分。

抽球是指当球从地面弹起后,球员通过用力击打球,使球快速向前飞行,以迫使对方在较短时间内回球。类似发球动作,抽球需要通过蹬地转腰,挥动大臂,带动小臂,最后抓紧手指将力量鞭打到球上,让球产生很高的速度。

1. 分类

从击球位置进行分类,抽球可以大致分为后场抽球、中场抽球、近网抽球。

第 4 章 匹克球进攻技术

（1）后场抽球：后场抽球是从离网较远的后场处击球，通常是为了下一拍过渡或调动对方站位。注意要控制球的飞行轨迹不要过网太高，避免对方截击。

（2）中场抽球：中场抽球是当对方回球到中场，球弹跳起较高时，通过抽球进行主动进攻或调动。

（3）近网抽球：近网抽球是当对方回球较短，跳起较高时，通过抽球形成进攻。注意不要让球出界。

2. 何时使用抽球

当球落地后跳起较高，并且对方并未形成有效的网前封锁时，可以尝试进行抽球。抽球的主要目的是调动对方跑位而得分，或使对方回球质量较差，形成下一拍进攻机会。

3. 抽球技术要点

抽球最关键的是要做到在身前击球，在身体稳定时击球，在球的轨迹高点附近击球。另外，掌握鞭打发力，将蹬地转腰产生的身体力量通过握拍手形成的稳定击打面释放出去。需要注意的是，匹克球和球拍表面比较光滑，大部分情况下的抽球应当以击打为主、旋转为辅。抽球时应注意保持拍面角度稳定，击球后挥拍自然跟随送出。另外，球过网时不要过高，最好过网后迅速向下坠落，造成对方下手位接球，同时限制对方回球路线。反手球基本与正手球对称，尽量单手握拍，以获得更多的发力距离和更大的回球角度。如果单手力量不足或者为了稳定的出球角度，也可以采用双手反拍击球，此时要适当减少动作幅度。

双打中，抽球目标落点一般可以为对方两名球员之间或防守的空当处。当对方防守能力较弱时，也可以故意打出近身球（如持拍手肩部等），造成对方失误。单打中，抽球应当主要瞄准

53

对方空当,并且抽球动作要小,造成对方难以预判。

4. 训练方法

(1)多球练习:陪练人员将球抛给学员,落地弹起后学员将球打到指定目标区域内,球过网较低。每次连续抽球应不少于 50 个,每天进行不少于 10 组练习。可以练习将球打到场地不同位置。

(2)回球练习:陪练人员和学员练习抽球,首先进行定点练习,之后进行自由落点练习。每次连续抽球应不少于 50 个,每天进行不少于 10 组。

4.7 绕网柱回球

绕网柱回球(Around The Post,ATP)是专业比赛中的常见技巧,指从场地侧边之外击球,绕过网柱回球到对方场地内。

4.7.1 何时使用

当对方球员打出角度很大的网前球时,己方很难回击出高质量的网前球,此时可以考虑将球绕过网柱,打到对方场内。如图 4-9 所示,球员打出绕网柱进攻球。

图 4-9 绕网柱进攻

4.7.2 击球要点

绕网柱回球的关键是球员移动到位，并且掌握击球的最佳时机。打出较高质量绕网柱进攻球的要点包括以下方面：①击球时球员一定要在场地外侧，越靠外则可回球的角度范围越大，越容易打到场内；②击球时机要晚，要等球快落地时再回击，避免在高点击球，这与常规击球不同，越低的击球，让球的飞行轨迹越低，对方越难防守；③击球目标应以对方后场为主，这样可以尽量绕开对方身体，避免对方防守；④击球完成后，球员要尽快回到场地内（图4-10）。

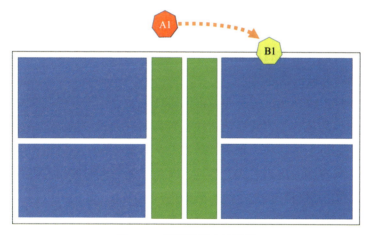

图4-10 绕网柱进攻的目标

4.7.3 防守方法

当对方打出绕网柱回球时，其站位通常位于场地外侧，击球目标为同侧场地边缘部分，此时，己方要尽快调整站位准备防守，要点包括以下方面：①面向对方球员站位，准确判断其击球意图；②跟随对方击球节奏，等对方击球瞬间最大程度地拦截对方击球角度；③尽量截击拦截，根据来球高度调整拍面，特别是当对方来球较低时，主动迎前以削球方式拦截，但过网不要过高；④回击球的落点首选对方球员跑到场外后造成的空当处，尽量回击到后场。如观察发现其队友有补位意图，可以考虑击打到补位后的空当处。

4.8 跨非截击区击球

按照规则，球员在截击前后不能触碰非截击区，但是球员在截击前后可以从非截击区上空跨过。这种跨越非截击区的截击球（Erne）在专业比赛中屡见不鲜。

4.8.1 何时使用

当对方球员在打网前球时，如果球过网较高且靠近边线，此时可以考虑进行跨非截击区拦截，快速打到对方场内。球员打出跨非截击区进攻球。

打出较高质量的跨非截击区击球的要点：①准确判断对方网前球的位置，当其靠近边线且较高时再尝试截击；②站位要适当靠近场地边线，越靠近越容易从非截击区上空跳过；③跳到球场左侧时应当右脚先落地，跳到球场右侧时应当左脚先落地；④击球目标首选直线打到对面球员脚下，其次可以打出大角度斜线球；⑤截击完成后，球员要尽快回到场地内；⑥己方球员击球时，队友应当往中间移动，补充截击队员留出的空当或进攻对方的防守球（图4-11）。

4.8.2 防守方法

截击球速度较快，球员需要尽快移动到适当位置拦截。要点包括以下方面：①尽量通过截击进行拦截；②如果可以，控制回球高度，过网不要过高，否则可以挑高到后场；③回击球位置应尽量靠近跑到场外的球员一侧，首选打到后场。

第 4 章 匹克球进攻技术

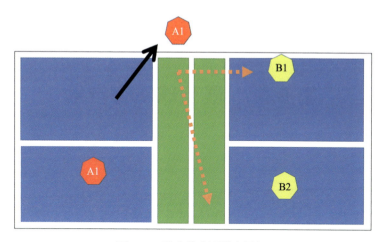

图 4-11 跨非截击区截击目标

4.8.3 训练方法

多球练习是一方球员站在非截击区域内，重复给出截击球，另一球员练习防守；交互练习是双方模拟比赛场景，练习跨非截击区击球和防守。

第 5 章　匹克球防守技术

5.1　防守站位与策略

5.1.1　防守技术

根据运动员的站位，匹克球技术大致可以分为三类，分别为网前技术、中场技术和后场技术。网前技术是在网前相持和对抗的相关技术，包括网前吊球、截击、加速与重置、挑球、杀球、ATP、Bert、Erne 等。这是双打比赛中的主要环节。中场技术发生在运动员从后场向网前的移动过程中，被对方限制在中场时的应对技术，包括中后场吊球、抽球、截击、重置等。中场球往往是最有挑战的环节。后场技术是在底线附近的相关技术，包括发球、接发球、抽球、后场吊球、防守等。后场球是打好匹克球的基础。

在匹克球中，防守技术不仅包括身体方面的动作，还包括战术方面的布局。准确预判对手的进攻路线是防守的关键，这需要球员具备敏锐的观察力和丰富的比赛经验，以便提前做出反应，堵截对方的进攻。

5.1.2　防守站位

防守站位的选择对于匹克球比赛中的防守至关重要。以下是一些常见的防守站位策略。根据对手的站位和战术调整自己的站位，如果对手采用前后站位，那么自己可以站在中间位置，以便能够兼顾两边的防守；保持与球网的适当距离，以便能够快速反应并拦截对方的进攻，过远或过近的站位都可能影响防守效果。

5.1.3 防守策略

除了技术和站位之外，制订有效的防守策略非常重要。以下是一些建议的防守策略：①沉着冷静：面对对方的进攻时，球员保持冷静的头脑非常重要，不要盲目抢球，而要观察对方的动作和意图，伺机进行防守。②制造陷阱：通过预判和站位制造陷阱，让对方陷入困境，例如可以故意留出一些空当，引诱对方进攻，然后利用快速反应和准确拦截夺回球权。③团队协作：在双打比赛中，与队友的默契配合也是防守的关键，可以通过沟通和手势表达自己的意图，以便更好地协同作战。

综上所述，匹克球的防守技术、站位和策略是相互关联的。球员只有掌握了正确的技术、选择了合适的站位并制订有效的策略，才能在比赛中取得好的防守效果。

5.2 削球技术

削球技术是匹克球常见的过渡技术，可以形成较好的防守，同时又具备一定的进攻性。削球是指通过球拍摩擦球的中下部，使球产生向下的旋转，飞行到对方场地。

5.2.1 分类

削球按照轨迹高度，大致可以分为以下三种（图 5-1）。

1. 高球

主要切球的底部，将球的飞行轨迹变为较高的抛物线。高球旋转较快，飞行速度较慢，对方可以有更多回球时间。一般球应当落入非截击区内，避免对方下压进攻。

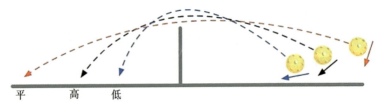

图 5-1　三种削球线路

2. 低球

主要切球的中后部，将球的飞行轨迹变为不太高的抛物线。中高球在比赛中使用较多，兼具进攻性和防守性。一般球应当落入非截击区内或空当处，避免对方下压进攻。

3. 平球

主要切球的中部，将球的飞行轨迹变为较平的抛物线。平球速度较快，具备较强的进攻性。

5.2.2　何时使用削球

当对方打过来的球带有较强的下旋，或者己方击球点较低时，可以使用削球。相较于抽球动作，削球动作较小，球路容易控制，并且球飞行速度较慢，可以给己方带来较多的回球时间，例如专业运动员经常在第二、三拍回球中使用削球。另外一种情况是对方网前回球较高时，己方以截击或抽球为主，配合使用削球改变节奏和落点，造成对方失误。削球的主要目的是过渡，放缓比赛节奏，调动对方移动，为下一拍找寻机会。

5.2.3　削球技术要点

削球要用球拍尽量多包裹球，对球持续作用，使球产生较多的旋转。削球时球员要提前移动到球前进方向，身体应处于放松状态，打开拍面（45% 左右），通过蹬地转腰用手臂发力，主动迎球摩擦，将球送出。为了确保削球质量，球员注意保持从肩部到手腕的稳定,击球后球拍继续随球送出。在整个过程中,球员发力要柔和顺畅,不要突然切球。掌握基本的削球动作后还可以通过摩擦球的侧面打出带侧旋的削球。

5.2.4 应对削球

削球带有下旋,球飞行轨迹偏长,落地后向前力量较小。因此要防守好削球,要比抽球预留出更多的击球空间,同时要主动向上发力,避免回球下网。最简单的防守方式是同样采用削球方式回球,也可以通过上旋球方式回球,此时要注意将球打出较高的轨迹,避免下网。

5.2.5 训练方法

削球对手感要求较高,可通过如下步骤进行练习。

1. 削球练习

球员使用球拍连续削球,落入指定区域内,注意控制轨迹高度。每次连续削球应不少于 50 个,每天进行不少于 10 组练习。

2. 多球练习

陪练人员以不同速度和高度发球,球员将球削到指定目标区域内。每次连续削球应不少于 50 个,每天进行不少于 10 组练习。

5.3 接重炮发球的方法

在匹克球中,面对对手的重炮发球,也就是速度很快且带有强烈旋转的发球,接球方需要采取一些特定的策略和技术有效应对。以下是一些应对重炮发球的方法。

5.3.1 准备接球

要预留足够接球空间,通常以底线往后再退一步左右站位为宜,身体和球拍要正对来球方向。

5.3.2 接发球时

拍面要正对来球方向击球,同时己方应及时随球上网(回球落地前,己方须跑到网前)。接发球要尽量落在对方底线附近,以迫使对方留在后场。

5.3.3 回球

回球尽量深,以一定角度落到底线附近,注意不要出界。

5.3.4 应对

当对方打出较快的重炮发球时,要快速判断是否能直接跳杀截击,如能截杀,球员应当快速跳起,利用手腕转动和手指抓紧的力量将球下压,目标可为对方脚下位置或空当处;如果不能,应当快速侧身,随球迅速跑向球落地位置的前方,等球落地弹起后击打球。回球应当以后场吊球为主,并且及时随球跑到网前。

5.3.5 注意事项

球员在接重炮发球时,要注意保持身体平衡,避免因为对方发球力量过大而失去平衡,同时要时刻观察对方的站位和意图,以便做出正确的反应。

5.4 应对不同类型的对手

5.4.1 步法差的对手

通过精准的吊球和抽球,迫使对手频繁移动,使其步法上的不足更加明显;利用场地的宽度和深度,让对手在跑动中击球,增加其失误的可能性。

5.4.2 跑动快的对手

变化发球和回球的节奏,包括速度和旋转,打乱对手的跑动节奏;适时使用高吊球,迫使对手从快速移动中突然停止或改变方向。

5.4.3 网前技术好的对手

避免过多地将球打到对方网前，减少对方发挥网前技术的机会；当对方上网时，使用深球和角度球，迫使对手在网前难以稳定击球。

5.4.4 网前进攻较强的对手

球员快速移动到合适的位置，注意对空当位置的防护，如两人之间位置、反手位置、持拍手肩部等。迅速判断出界球，并及时躲开出界的进攻球。球拍要在身前击球，保持身体面向来球。防守动作要稳定，击球瞬间抓紧球拍。除非防守机会较好，球员可以发力反击，否则以借力为主。确保球飞行轨迹较低，优先考虑重新吊球到网前。

5.4.5 绕网柱回球的对手

准确判断对方击球意图，跟随对方击球节奏，最大程度地拦截对方击球角度。球员面向对方球员站位，等对方击球瞬间最大程度地拦截对方击球角度。尽量截击拦截，根据来球高度调整拍面，特别是当对方来球较低时，主动迎前以削球方式拦截，但过网不要过高。回击球的落点首选对方球员跑到场外后造成的空当处，尽量回击到后场。

5.4.6 较好截击能力的对手

球员迅速移动到合适的位置，根据对方截击的高度和位置选择合适的防守方式。对方打出较平的截击球或来球离身体较近时，可以尝试在空中直接截击回球。对方来球较低时，采用借力方式柔和击球回到网前。对方来球较高时，可以主动发力下压。对方从较高位置下压截击，或来球离身体较远时，可以等球触地跳起后再击球，此时多采用后场吊球或抽球方式。

第 6 章　匹克球单打和双打技术

6.1　单打策略

单打是匹克球运动中对综合能力要求最高的项目，其不光考察球员的移动能力和击球技巧，更重要的是球员的心理素质和对比赛节奏的把握能力。

6.1.1　基本过程

假设两名球员分别为 A 和 B，A 先发球，将球发给 B（图 6-1），B 要尽量地将球回给 A 底线位置，并且尽量落入 A 的空当位置，同时 B 试图跟随来到网前截击（图 6-2）。A 接球后，通过抽球或吊球让 B 跑动。假设 B 网前拦截回球，将球推到 A 后场或调动到 A 的网前（图 6-3）。此时，A、B 进入相互调动位置环节。

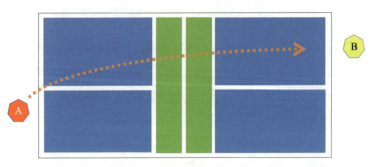

图 6-1　单打比赛发球

第 6 章 匹克球单打和双打技术

若有一方出现空当或回球质量不高,则会受到对方攻击而进入攻守相持阶段。与双打不同,在后场时单打球员往往不必采用吊球技术回到网前,而是可以灵活结合抽球或挑球调动对手。

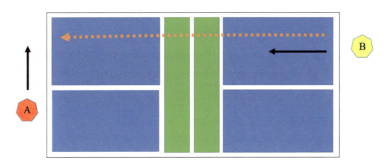

图 6-2 单打比赛接发球

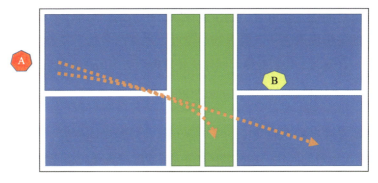

图 6-3 单打比赛回球

6.1.2 策略

在单打中,由于球员要防守全场区域,一般要通过调动对方位置找到进攻机会,或者尝试压制对方到后场。一旦有一方被压制到后场,则处于劣势地位,此时若回球过高,则容易被对方杀球得分。

匹克球 技艺、智慧与影响力

单打比赛的关键是控制节奏，因此要尽量让对方多跑动，己方则尽量保持稳定站位。另外有机会时球员应当尽快上网，同时限制对方在后场的位置。

（1）网前防守：球员接发球后一定要尽快上网，拦截对方的击球。注意防守两边的大角度球；

（2）控制落点：单打中使用抽球较多，需要精确控制抽球的落点，一定要过网且位于对方的拦截区，否则很容易陷入被动；

（3）使用角度：球员进攻要打出多种角度，例如反手位，同时调动对方跑动，注意避免回球过长出界。

6.2 双打发球与接发球策略

双打是匹克球运动中最常见的比赛类型，其关键在于两位球员之间的密切配合。在匹克球双打中，站位与配合是取得胜利的关键因素之一。合理的站位可以确保两名选手覆盖整个场地，有效的配合则能提升回球质量并创造更多的进攻机会。

6.2.1 双打站位

1. 初始站位

发球者站在底线中点至一侧双打边线的中间位置，准备发球。发球者的同伴站在发球区的中心附近，准备随时接应和补位。接发球者根据发球者的站位选择相应的位置，通常站在发球区的深处或后方，准备接发球。接发球者的同伴站在发球线稍后处，距离中线不应过远，以便随时支援和补防。

2. 动态调整

根据比赛进程和对手的情况，球员需要灵活地调整站位，例如当对手频繁攻击某一侧时，该侧的球员可以适当地向场地中央移动，以便更好地覆盖防守区域。在进攻时，一名球员可

第6章 匹克球单打和双打技术

以向前移动并逼近网前，以便进行截击和封网，而另一名球员则保持在后场，准备进行底线抽击。

6.2.2 双打配合

1. 明确分工

在比赛开始前，队友之间应明确各自的职责和分工，例如可以确定一名球员主要负责网前，另一名主要负责底线。根据比赛情况，球员可以随时调整分工，以适应对手的战术变化。

2. 沟通协作

通过语言或手势与队友保持沟通，确保行动一致，例如在需要换位时，球员可以通过简单的信号提示队友。在比赛中，球员需要相互支持和鼓励，共同面对挑战。

3. 互补与支援

球员需了解并充分利用队友的技术特点和优势，形成互补，例如如果一名球员擅长底线抽击，那么另一名球员可以更多地参与网前争夺，创造机会给底线球员。当队友出现失误或被对手压制时应及时提供支援，共同化解危机。

4. 默契培养

双打配合需要默契，这需要通过长期的训练和比赛培养；球员之间需要相互信任和理解，才能在关键时刻做出正确的决策。

双打站位与配合是匹克球双打比赛中不可或缺的战术要素。通过合理的站位和有效的配合，球队可以更好地覆盖场地、提升回球质量并创造更多进攻机会，从而在比赛中取得优势。

6.2.3 双打接发球策略

在匹克球双打中，发球和接发球是比赛的开端，也是掌控节奏和主动权的关键环节。

1. 发球策略

（1）变化发球：通过改变发球的节奏、旋转和落点，打乱对方的接发球节奏。

（2）针对性发球：根据对方选手的技术特点和站位选择合适的发球方式，例如球员针对站位靠后的选手可以发一些带有一定旋转和弧度的球，使其难以接应。

2. 接发球策略

（1）预判与反应：准确预判对方的发球路线和落点并迅速做出反应，选择合适的接球方式和落点。

（2）攻击性接发球：在稳定接球的基础上，尝试通过变化接球路线和速度制造对方的防守难度，并为己方创造进攻机会。

双打比赛主要过程分为从后场到网前和网前相持两个阶段。假设两队分别为 A、B，分别包括两名球员 A1、A2，B1、B2。A1 先发球，此时 B2 站在网前，如图 6-4 所示。

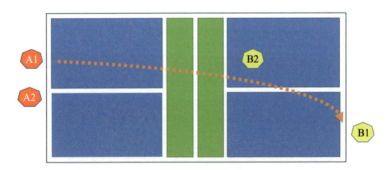

图 6-4 双打比赛发球

A1 将球发给对角区域的 B1，B1 作为接球方，第二拍要尽量将球回给 A 队底线位置，同时 B1 跟随球来到网前。此时，B 队两名队员位于网前准备截击，A 队两名队员位于后场（图 6-5）。

第 6 章 匹克球单打和双打技术

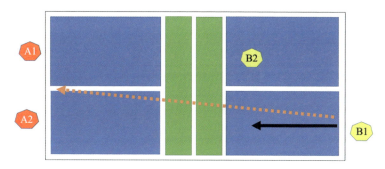

图 6-5 双打比赛接发球

假设 A2 准备打第三拍，则 A1 向前一步准备上网，同时观察第三拍情况。A2 打出第三拍，选择后场吊球，同时跟随球来到网前，完成上网阶段。此时双方队员均位于网前并进入网前相持阶段。通常双方主要会采用前场吊球调动对方，并寻找进攻机会。由于只有发球方可以得分，因此发球方往往要更主动地尝试进攻（图 6-6）。

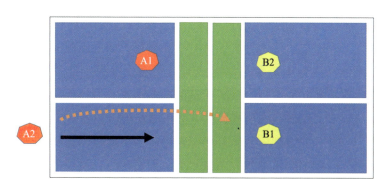

图 6-6 双打比赛后场吊球

假设 A1 回球过高，B1 拿到机会主动进攻，双方可能进入快速截击环节，此时一方可以通过主动吊球再次回到网前相持环节。假设 A 方回球质量较差，被 B 方压制退到后场，此时 A

方应当通过后场吊球争取再次上网。B 方则通过连续给出长球压制 A 方球员于后场，并找机会通过截击等得分（图 6-7）。

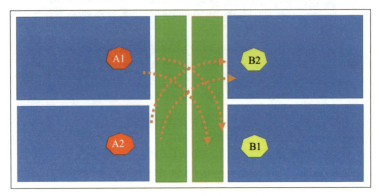

图 6-7　双打比赛前场吊球

可以看出，在双打过程中有两个环节十分重要。首先是第三拍击球，决定发球方能否安全来到网前。对于发球方而言，如果没有高质量的第三拍回球，会被持续压制在后场，往往会进入被动。第三拍可以通过抽球（偏进攻）或后场吊球（偏防守）进行。第四拍回球要尽量保持对手在后场，如果能截击尽量直接截击，注意要避免回球路线对方突袭。如果不能截击，则等球落地弹起后，打出较高质量的网前吊球。另外就是网前的相持环节，双方在网前相持中寻找进攻机会或迫使对方退到后场，一旦有一方被压制到后场，则处于劣势地位，此时己方若回球过高要则容易被对方杀球得分。需要注意，前场吊球时应以斜线或中路为主，当球落点靠近边线时要注意防守对方的绕网柱进攻（ATP）线路，当球过网较高时注意防护对方的 Erne 进攻。

第6章 匹克球单打和双打技术

6.3 双打进攻与防守转换

在匹克球双打中,进攻与防守的灵活转换是取得比赛胜利的重要技巧。

6.3.1 进攻转换

1. 连续进攻

当己方处于进攻状态时,应充分利用场地宽度和深度,通过大角度调动和突然变线打乱对方的防守节奏,同时要注意与队友的配合,形成多点进攻的局面,制造对方的防守漏洞。

2. 变化进攻方式

球员除了常规的底线抽击外,还可以尝试使用截击、放小球等技术手段丰富进攻方式,提高对方的防守难度。

6.3.2 防守转换

1. 稳定防守

在防守时,球员要保持稳定的站位和严密的防守阵型,确保能够覆盖整个场地并有效应对对方的进攻。同时要善于观察和判断对方的进攻意图,及时做出反应。

2. 防守反击

在防守过程中,球员不仅要被动地接球,还要积极地寻找反击的机会。通过准确的预判和快速的反应,可以在防守中制造对方的失误,并为己方创造进攻机会。此外,在防守时还可以通过变化站位和击球方式干扰对方的进攻节奏,降低对方的进攻效率。

6.4 网前攻防

网前攻防在双打比赛中使用较多,可以说是决定比分的关键,其节奏较快,非常考验球员的应变技巧。

6.4.1 网前进攻

网前进攻指双方球员在前场吊球过程中,一方主动将球打出较高速度并攻击对方。网前进攻通常采用截击方式,首先要选择正确的进攻时机,双方球员在网前通常会以吊球为主。当对方打出防守质量较高的前场吊球时,由于球飞行轨迹较低、落点较短,此时进攻往往会造成球过网速度较慢且向上飞行,易被对方拦截。当对方来球飞行轨迹较高或落点较长时,进攻得分的可能性较大。另外要注意观察对方的站位和意图,当对方站位稳定靠近网前且准备好拦截进攻球时,进攻被防守的概率较大;反之若对方站位较偏,身体不稳定或离网较远,此时进攻得分概率较大。

进攻时要注意如下要点:①进攻动作要隐蔽,不能让对方提前判断意图;②主要通过手腕和手指发力,快速击打同时摩擦球;③球的飞行轨迹通常以刚过网为宜,过高则容易被拦截;④进攻目标以两名球员之间位置为主,也可以尝试反手位或持拍手肩部。

6.4.2 网前防守

由于网前进攻球飞行的距离较短,球员往往需要在极短的时间(通常短于 0.2 s)内完成决策,并做出正确的反应。首先,球员要随时做好防守准备,身体移动节奏跟随击球节奏。当自己回球在空中飞行时,身体随球移动;当对方击球时,身体保持相对静止,准备防守反击。另外,注意对空当位置的防护,包括两人之间位置、反手位置、持拍手肩部等,这些都是对方进攻时的重点目标。

网前防守时要点：

①迅速判断出界球，并及时躲开出界的进攻球；②球拍要在身前击球，保持身体面向来球；③防守动作要稳定，击球瞬间抓紧球拍；④除非防守机会较好，可以发力反击，否则以借力为主；⑤确保球飞行轨迹较低，优先考虑重新吊球到网前；⑥防守回球以两人之间位置为主，避免出界。

6.4.3　训练方法

1. 多球进攻练习

一方球员重复给出固定位置的网前球，另一方球员进行进攻。

2. 多球防守练习

一方球员重复给出较快的平击球，模拟网前进攻球，另一方球员进行防守。

3. 交互练习

双方球员在前场吊球，一方球员尝试进攻，另一方球员尝试进行防守。

第 7 章　匹克球比赛策略与心理素质

7.1　制订比赛计划与目标

在匹克球比赛中，一个明确的比赛计划是取得胜利的关键。比赛计划不仅包括技术层面的布局，还涉及对对手的分析、自身状态的调整以及应对突发状况的预案。

7.1.1　确定比赛目标

1. 分析对手

在比赛前，深入了解对手的技术特点、强项与弱项至关重要。球员通过观察对手以往的比赛视频影像或实战表现，可以总结出对手的常用战术和习惯动作，了解对手的心理状态和比赛风格，例如是否容易在压力下犯错，或者是否善于在关键时刻发挥出色。

2. 设定明确的目标

根据对手的实力和自己的状态，设定合理且具体的比赛目标。这些目标可以是赢得特定数量的局数、保持发球得分率，或者是减少自身的失误次数。将长期目标和短期目标相结合，长期目标可能是赢得整场比赛，而短期目标可能是在每个局中达到特定的得分。

3. 技术准备与调整

根据对手的特点,准备和调整自己的技术策略,如果对手擅长网前小球,那么就需要加强自己的网前反应速度和击球技巧。准备多套战术方案以应对比赛中可能出现的变化,包括对手状态的变化和场上局势的发展。

4. 体能与休息规划

匹克球比赛对体能要求较高,因此在准备比赛计划时,球员需要合理安排休息时间和体能训练,在比赛中合理分配体力,确保在关键时刻能够发挥出最佳水平。

5. 应对突发状况的预案

考虑到比赛中可能出现的意外情况,如受伤、器材损坏等,球员应提前制订应急计划。对于不可预测的情况,如天气突变或场地问题,也要有相应的心理准备和应对策略。

7.1.2 确定比赛目标

在匹克球比赛中,明确的目标能够激励运动员并使其保持专注。设定比赛目标时,应考虑以下几点。

1. 具体性

目标应该具体明确,例如"本场比赛我要赢得两局以上"或者"我要将发球失误率控制在 5% 以下"。

2. 可衡量性

目标的达成情况应该是可以衡量的,这样才能清楚地知道自己是否达到了预期。

3. 可实现性

目标应该在自己的能力范围内,既不过于轻松也不过于困难,这样才能激发斗志又不失实际性。

4. 相关性

目标应该与整体比赛策略和个人发展计划相关,这样才能确保每一步努力都是为实现最终目标服务。

5. 时限性

为目标设定一个明确的时间限制,比如在某场比赛或某个赛季内达成。

通过设定明确、具体、可衡量、可实现、相关且时限性强的比赛目标,运动员可以更加专注和高效地准备和进行比赛,从而提高获胜的可能性。同时合理的目标也有助于运动员保持积极的心态,面对挑战时才能更加从容和坚定。

7.2 分析对手与场地条件

7.2.1 分析对手与场地条件的重要性

在匹克球比赛中,深入了解并分析对手的技术特点、战术习惯和体能状况以及场地条件对于制订有效的比赛策略至关重要。这种分析能够帮助球员预测对手的动向,从而做出更精准的应对。

7.2.2 分析对手

1. 技术特点分析

(1)击球风格:观察对手是正手击球为主还是反手击球更为出色,是否擅长使用切削、放小球等特殊技术。

(2)发球与接发球:注意对手的发球方式(平击、侧旋或上旋)以及接发球的偏好(攻击性接发球还是稳健防守)。

(3)网前技术:评估对手在网前的反应速度和截击能力。

2. 战术习惯分析

(1)基线和网前的使用:观察对手是更喜欢在基线附近对

打,还是善于利用网前战术。

(2)变化球的使用:注意对手是否善于使用高吊球、小球或其他变化打乱对方的节奏。

(3)优势侧与劣势侧:识别对手在场地上的优势侧和劣势侧,以便在比赛中加以利用。

3. 体能与耐力

(1)移动速度:观察对手在场地上的移动速度和反应时间。

(2)持久力:评估对手在长时间比赛中的体能表现,特别是在关键分时。

7.2.3 场地条件分析

场地条件对匹克球比赛的影响不容忽视。不同类型的场地(如硬地、木地板、羽毛球地胶等)会对球的弹跳高度、速度和旋转产生影响。

1. 场地材质

(1)硬地球场:球速较快,反弹低,需要球员具备更快的反应速度和更强的控制力。常见的丙烯酸地面又分为硬丙和弹丙,弹丙对保护球员更友好。

(2)木地板球场:球速比硬地稍慢,但弹跳不高,需要球员具备更好的预判能力。

(3)羽毛球地胶球场:球速最慢,弹跳最低,适合发挥下旋转球的优势。

2. 场地大小与风向

(1)较大的场地需要球员具备更好的跑动能力和耐力。

(2)风向和风速会影响球的飞行轨迹,球员需要适时调整战术。

3. 场地维护状况

场地表面的磨损、湿度和温度都会影响球的弹跳和速度。

7.2.4 应对策略与心理素质

基于上述分析，可以制订相应的比赛策略。例如，面对技术特点鲜明的对手，球员可以通过变化球路打乱其节奏；面对体能出众的对手，球员则需要保持耐心，通过多回合的拉锯战消耗其体力。

心理素质在匹克球比赛中同样重要。保持冷静的头脑，不被比赛的起伏所影响，是每名优秀选手的必备素质。在紧张激烈的比赛中能够冷静分析对手和场地条件、灵活调整战术是取得胜利的关键。

总之，在匹克球比赛中，深入分析对手与场地条件，并据此制订合适的策略，同时保持良好的心理素质，是每名选手走向胜利的重要步骤。

7.3 管理比赛中的情绪与压力

在匹克球比赛中，情绪与压力的管理对于球员保持最佳竞技状态至关重要。在高强度的比赛中，选手往往会面临巨大的心理压力，这些压力可能来自于对胜利的渴望、对失败的恐惧，或者是对自身表现的过高期望。因此，学会在比赛中调控情绪和缓解压力，对于提高比赛成绩和享受比赛过程具有重要意义。

7.3.1 识别并接受情绪

在比赛中，选手可能会经历各种情绪，如紧张、焦虑、兴奋或挫败，首先要能够识别这些情绪并接受其存在。情绪是自然的心理反应，不必过于抗拒或压抑。

7.3.2 深呼吸与放松技巧

当感到紧张或焦虑时，可以尝试进行深呼吸平复情绪。深呼吸有助于降低心率、减轻紧张感。此外，还可以学习一些放

第7章 匹克球比赛策略与心理素质

松技巧,如渐进性肌肉松弛法,以帮助身体和心理放松。

7.3.3 积极心理暗示

在比赛中,给自己积极的心理暗示非常重要。通过告诉自己"我可以""我能赢"等积极的话语提升自信心和斗志,同时避免过于关注失败的可能性,而要专注于如何发挥出自己的最佳水平。

7.3.4 注意力管理

保持专注是管理情绪和压力的关键。在比赛中,球员尽量将注意力集中在当前这一分、这一球上,而不是过多地考虑比赛结果或外界干扰。通过专注于技术和战术执行,可以减少杂念和负面情绪的影响。

7.3.5 与教练和队友沟通

在比赛中,与教练和队友保持良好的沟通非常重要,其可以提供支持、建议和鼓励,帮助球员更好地应对情绪和压力。在关键时刻,其经验和指导可能会成为球员取得突破的关键。

7.3.6 赛后复盘与心理调整

比赛结束后,及时进行复盘和心理调整至关重要。球员通过回顾比赛中的表现,总结经验教训,找出问题所在,并制订改进计划;同时要学会接受比赛结果,无论是胜利还是失败,都要以积极的心态去面对,并为下一场比赛做好准备。

总之,在匹克球比赛中,管理情绪和压力是取得好成绩的重要因素之一。通过识别并接受情绪、应用深呼吸与放松技巧、进行积极心理暗示、管理注意力、与教练和队友沟通以及及时进行赛后复盘与心理调整等方法,可以帮助球员更好地应对比赛中的情绪和压力,发挥出自己的最佳水平。

第 8 章　匹克球训练方法与计划

8.1　体能训练方法

在匹克球运动中,优秀的体能是取得好成绩的基础。无论是对于业余爱好者还是专业运动员,合理的体能训练都能提升其在场上的移动速度、反应能力和持久力。本章将详细介绍几种针对匹克球运动员的体能训练方法。

8.1.1　有氧运动训练

有氧运动能够提升心肺功能,增强耐力,对于需要频繁跑动和长时间作战的匹克球运动员而言至关重要。

1. 长跑

每周至少进行3次长跑,每次 30～45 min,以中等强度进行,旨在提高心肺耐力。

2. 间歇训练

通过高强度间歇训练(HIIT)模拟比赛中的高强度活动。例如进行 30 s 全力冲刺后慢跑或走 60 s 进行恢复,重复此训练 10 次。

8.1.2　力量训练

力量训练能够增强运动员的爆发力和整体身体控制力,有助于提升击球威力和稳定性。

第 8 章 匹克球训练方法与计划

1. 核心力量训练

核心力量对于保持身体平衡和稳定击球姿势非常重要。建议每周至少进行 3 次核心力量训练，如平板支撑、仰卧起坐、俄罗斯转体等。

2. 下肢力量训练

深蹲、硬拉、腿举等动作可以增强腿部和臀部肌肉，提高移动速度和爆发力。

3. 上肢力量训练

俯卧撑、哑铃弯举、引体向上等可以强化上肢和肩背部肌肉，有助于提升挥拍力量和控球能力。

8.1.3 柔韧性与协调性训练

柔韧性和协调性是匹克球运动员不可或缺的身体素质，其对于预防运动损伤和提高技术动作的效率至关重要。

1. 拉伸训练

每次训练和比赛前后，都应进行全身拉伸，特别是针对下肢和肩背部的拉伸。

2. 平衡与协调练习

单脚站立、波球练习、敏捷梯训练等可以提高运动员的平衡感和身体协调性。

8.1.4 速度与敏捷性训练

在匹克球比赛中，快速的反应和移动能力是获胜的关键。

1. 反应球练习

使用反应球进行练习，提高运动员的反应速度和击球准确性。

2. 变向跑练习

设置标志物，让运动员进行快速变向跑，模拟比赛中的快

匹克球 技艺、智慧与影响力

速移动和转身。

8.1.5 恢复与休息

体能训练并不是单纯的累积负荷，合理的恢复和休息同样重要。

1. 睡眠与饮食

保证充足的睡眠和合理的饮食是体能恢复的基础。

2. 活动性休息

在训练中穿插轻松的活动，如散步或慢跑，以促进肌肉恢复。

3. 按摩与放松

定期进行肌肉按摩，使用泡沫轴等工具进行自我放松，可以缓解肌肉紧张和疲劳。

匹克球运动员的体能训练是一个综合性的过程，需要兼顾有氧耐力、力量、柔韧性、协调性以及速度与敏捷性，同时合理的恢复与休息策略也是不可或缺的。通过科学的训练方法，每名运动员都可以根据自己的实际情况制订出适合的体能训练计划，从而在匹克球比赛中发挥出最佳水平。

8.2 技术训练方法

匹克球技术的精湛掌握离不开细致且系统的训练。以下是一些详尽的技术训练方法，以帮助球员在各个技术层面都能有所提升。

8.2.1 基础技术训练

1. 握拍与击球姿势练习

握拍是击球的基础，反手握拍能提供更好的控制力。球员在练习时应确保握拍稳定且舒适，以便在击球时能够灵活调整拍面角度。

第 8 章 匹克球训练方法与计划

击球姿势的稳定性至关重要。球员保持双脚分开与肩同宽，膝盖微屈，身体重心略向前倾，以便随时准备移动并击球。

2. 正手与反手击球

从基础的正反手击球开始，球员站在墙前，通过调整击球的力度和角度，观察球的反弹情况，逐渐掌握使球反弹到预定位置的技巧。为了提高难度，可以在墙上标记出不同的区域，并尝试将球击入这些区域。

3. 抽球、网前吊球与后场吊球

抽球练习时，球员重点训练手腕的爆发力和控制力，以确保球能够迅速且准确地穿越场地。

网前吊球和后场吊球需要精确控制球的弧线和落点。球员通过调整拍面角度和击球力度，练习使球落在对方场地的特定区域。

8.2.2 技术提升训练

1. 变速击球

在训练中引入不同节奏的击球，以模拟比赛中的实际情况。球员通过快速和慢速击球的交替练习，提高反应速度和控球能力。可以设置一个节奏器或者使用教练的口令指导球员进行变速击球练习。

2. 准确性练习

在场地上设置多个目标区域，并要求球员将球准确击入这些区域。通过反复练习，提高击球的准确性和稳定性。可以逐渐增加目标区域之间的距离，或者引入移动目标，以增加练习的难度和趣味性。

3. 发球技术

发球是比赛中的关键环节。球员通过练习不同类型的发球，如快速发球、带有旋转的发球等，以增加对方接球的难度。可以在发球区域设置目标点，要求球员将球准确发送到这些点上，以提高发球的准确性和威胁性。

8.2.3 战术模拟训练

1. 模拟比赛环境

利用墙面或特制的练习设备，模拟匹克球比赛中的非截击区和球网高度。球员在这样的环境下进行技术训练，能够更好地适应比赛场景。可以设置不同的战术场景，如攻击对方弱点、防守反击等，以提高球员在比赛中的应变能力和战术意识。

2. 多球训练

通过连续供给多个球进行练习，要求球员在短时间内做出多次反应和击球动作。这种训练方法能够显著提高球员的反应速度和击球连贯性。可以逐渐增加供球的速度和频率，以适应比赛中的快节奏。

8.2.4 综合训练

1. 场地训练

如果有机会，在真实的匹克球场地进行训练非常重要。球员可以更好地适应场地的特点和氛围，提高在比赛中的表现。可以结合场地特点进行特定的技术训练和战术演练。

2. 组合技术练习

将不同的技术动作组合在一起进行练习，如接发球后紧接着进行抽球、吊球或网前小球等。这种练习能够帮助球员更好地衔接技术动作，提高比赛的连贯性和流畅性。

3. 对抗性练习

与其他球员进行对抗性练习是提高技术水平的有效途径。通过模拟比赛情况，球员能够在实践中检验自己的技术水平和

第 8 章 匹克球训练方法与计划

战术应用能力。可以根据球员的水平和需求,调整对抗性练习的难度和强度。

8.2.5 技术细节与纠错

1. 录像分析

利用现代科技手段,录制自己的训练和比赛视频进行分析是非常有益的。通过观察录像,球员可以找出自己在技术方面的不足和错误动作,并进行针对性改进。教练或专业人士也可以帮助分析录像,提供更具体的指导和建议。

2. 教练指导

请专业教练进行现场指导是提高技术的重要途径。教练能够及时纠正球员的错误动作,提供正确的技术指导和建议。教练还可以根据球员的特点和需求,制订个性化的训练计划和发展方向。

通过以上系统且全面的技术训练方法,球员可以逐步提高自己在匹克球比赛中的技术水平。持续、有目的的练习和合理的训练安排是取得成功的关键。

8.3 战术训练方法

在匹克球运动中,除了基础技术训练外,战术训练同样重要。下面是一些针对匹克球的战术训练方法,帮助球员在比赛中更加灵活地应用技术,制订出有效的战术策略。

8.3.1 了解对手与场地分析

1. 对手分析

在比赛前,深入了解对手的技术特点、强项与弱项。通过观察对手以往的比赛录像或实战对抗,分析其常用的击球路线、发球方式以及防守习惯。根据对手的特点制订相应的战术策略,如攻击其弱侧、利用对手的习惯性失误等。

2. 场地分析

熟悉比赛场地的特点,包括风向、光照条件以及场地材质对球路的影响。根据场地条件调整战术,如在风向有利时采取更具攻击性的打法,或在场地较滑时减少大幅度的移动。

8.3.2 发球与接发球战术

1. 发球战术

练习不同类型的发球,包括快速发球、变化发球和高抛发球等,以打乱对方的接球节奏。根据对方站位和反应速度,选择合适的发球方式和落点,以制造接球难度。

2. 接发球战术

培养对发球类型的快速判断能力,以便选择合适的接球方式。练习针对不同发球的接球技巧,如对付快速发球的拦截和对付高抛发球的抢攻。

8.3.3 攻防转换与场地控制

1. 攻防转换

在训练中模拟比赛场景,让球员练习把握从防守转为进攻的时机和技术应用。培养球员在被动情况下迅速调整战术、转守为攻的能力。

2. 场地控制

球员通过练习深浅球结合、左右调动等战术手段,学会控制比赛节奏和场地空间。利用角度和速度的变化,迫使对手在场地中不停移动,消耗其体力并制造机会。

8.3.4 双打战术配合

1. 站位与配合

在双打比赛中,合理的站位和配合至关重要。练习者与搭

第 8 章 匹克球训练方法与计划

档应明确各自的职责区域，避免重叠或遗漏。通过练习固定的站位模式和灵活的跑位调整，提高双打配合的默契度。

2. 攻防协同

在双打中，攻防转换需要两人之间的密切配合。球员需练习在进攻和防守时如何相互支持，形成有效的战术体系。培养球员之间的沟通和信任，以便在关键时刻做出正确的决策。

8.3.5 心理素质与战术执行

1. 心理素质

在训练中引入竞争元素，模拟比赛压力，帮助球员学会在压力下保持冷静并执行战术。通过心理训练，提高球员的自信心和抗压能力。

2. 战术执行

强调战术纪律性，确保球员在比赛中能够坚决执行既定战术。通过模拟比赛场景和角色扮演，提高球员在复杂情况下的战术判断和执行能力。

8.3.6 组合战术与变化

1. 连续攻击战术

训练球员在对方出现失误或者露出破绽时能够连续发动攻击，使对方无法及时调整防守。通过多球训练，模拟连续进攻的场景，提高球员在快节奏下的反应和击球能力。

2. 变化球路战术

球员要练习在比赛中突然改变球路，例如从对方的反手位突然打到正手位，或者从高空球突然变为低平球。通过这种变化打乱对方的节奏和预判，创造进攻机会。

8.3.7 应对不同对手的战术

1. 应对攻击型对手

训练球员在面对攻击性强的对手时能够保持稳定的防守，并寻找反击的机会。通过反应球训练，提高球员在对方快速进攻时的反应速度和防守能力。

2. 应对防守型对手

对于喜欢防守的对手，训练球员能够通过变化球路和节奏迫使对方露出破绽，利用对方防守时的惯性思维，突然改变战术，制造进攻机会。

8.3.8 特殊情况下的战术应对

1. 风力影响下的战术

在有风的情况下，训练球员如何调整战术，利用风力增强击球效果，学会在有风时选择合适的击球方式和力度，以达到预期的落点。

2. 比赛末段的战术

训练球员在比赛的关键时刻，如决胜局或赛点，能够保持冷静，并制订出最有效的战术。通过模拟比赛末段的紧张氛围，提高球员在压力下的战术执行力和心理承受能力。

8.3.9 团队战术训练

1. 团队配合与沟通

在团队比赛中，训练球员之间的配合和沟通能力，确保战术能够得到有效执行。通过团队训练和演练，提高球员之间的默契度和信任感。

2. 团队战术策略制订

根据团队成员的技术特点和对手的情况共同制订出合适的战术策略。培养球员在团队中扮演不同角色的能力，以适应不

第 8 章　匹克球训练方法与计划

同的战术需求。

匹克球战术训练是一个系统且持续的过程，需要综合考虑技术、场地、对手以及心理因素等多个方面，球员需要不断地学习和实践，通过系统的战术训练更加全面地提升自己的战术素养和比赛能力。球员可以在比赛中更加灵活地应用技术，制订出克敌制胜的战术策略。

8.4　制订个性化训练计划

在制订匹克球的个性化训练计划时，需要综合考虑球员的技术水平、体能状况、战术理解和心理素质。以下是一个基本的框架，可以根据球员的具体情况进行调整和细化。

8.4.1　技术评估与目标设定

1. 技术评估

对球员进行全面的技术评估，包括发球、接发球、击球、防守、移动等各个方面，了解球员的优势和劣势以及需要改进的技术环节。

2. 目标设定

根据评估结果，与球员共同设定明确的短期和长期目标。目标应具体、可衡量，并围绕球员的技术提升、战术理解和比赛成绩等方面。

8.4.2　技术训练计划

1. 基础技术巩固

针对球员的薄弱环节，设计专门的基础技术练习，如发球准确性训练、接发球反应训练等。利用重复练习和渐进式难度增加，帮助球员熟练掌握各项基础技术。

2. 技术组合与连贯性

设计技术组合练习,如连续击球、攻防转换等,提高其在比赛中的实际应用能力。强调技术的连贯性和流畅性,减少不必要的动作和停顿。

8.4.3 战术理解与执行

1. 战术理论学习

通过视频分析、讲解和讨论,让球员理解各种战术的原理和应用场景,培养球员根据对手和比赛情况灵活调整战术的能力。

2. 战术模拟与实战

在训练中模拟比赛场景,让球员在实战中应用和检验战术知识。通过角色扮演和对抗练习,提高球员在压力下执行战术的能力。

8.4.4 体能训练与恢复

1. 专项体能训练

根据匹克球的运动特点,设计针对性的体能训练计划,包括灵活性、爆发力、耐力和协调性等方面。结合技术训练,提高球员在比赛中的持续作战能力。

2. 恢复与伤病预防

重视球员训练后的拉伸和放松,促进肌肉恢复和减少伤病风险。合理安排训练和休息时间,避免过度疲劳。

8.4.5 心理素质培养

1. 压力管理

通过心理训练和模拟比赛场景,帮助球员学会在压力下保持冷静和专注。培养球员的自信心和抗压能力,使其在关键时刻能够发挥出最佳水平。

第8章 匹克球训练方法与计划

2. 比赛心态调整

教导球员如何正确看待比赛的胜负,保持积极的心态和斗志。提供心理支持和辅导,帮助球员处理比赛中的情绪波动和挫折感。

8.4.6 定期评估与调整

1. 定期评估

定期对球员的技术、战术和体能进行全面评估,了解训练效果。根据评估结果,及时调整训练计划和目标。

2. 反馈与沟通

鼓励球员提供训练反馈和建议,以便更好地满足其个性化需求。保持与球员的良好沟通,共同推动训练计划的实施和改进。

通过以上个性化训练计划的制订和实施,可以帮助球员全面提升匹克球的技术、战术和心理素质,为取得更好的比赛成绩奠定坚实基础。

下面是一个详细训练计划的参考示例:

阶段	日期	训练内容
第一阶段:基础技术巩固	周一、周三、周五	热身活动 – 发球练习 – 接发球练习 – 基础击球技术 – 放松活动
	周二、周四	热身活动 – 防守技术练习 – 移动与反应练习 – 冷却活动
	周六	匹克球比赛模拟 – 技术与战术分析
	周日	休息或轻度活动
第二阶段:战术理解与执行	周一、周三	热身活动 – 战术理论学习 – 战术模拟练习 – 放松活动
	周二、周四	热身活动 – 组合技术练习 – 实战对抗 – 冷却活动

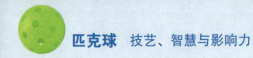

续表

阶段	日期	训练内容
第三阶段：综合提升与模拟比赛	周五	匹克球比赛观摩 – 交流与讨论
	周六	战术实战演练 – 技术与战术总结
	周日	休息或轻度有氧运动
	周一、周三、周五	热身活动 – 综合技术练习 – 实战模拟 – 心理训练
	周二、周四	热身活动 – 体能训练 – 恢复与放松
	周六	模拟比赛日 – 比赛分析
	周日	休息日

第 9 章　匹克球运动中的伤害预防与处理

9.1　常见运动损伤及预防措施

正如其他体育运动一样，匹克球也存在一定的运动损伤风险。本章将重点介绍匹克球运动中常见的运动损伤及预防措施，以帮助爱好者更安全地享受这项运动。

9.1.1　手腕与手臂损伤

手腕与手臂是匹克球运动中最为活跃的部位，因此也容易受到损伤，常见的手腕与手臂损伤包括手腕扭伤、肌腱炎和网球肘等，预防措施如下。

1. 在进行匹克球运动前，球员务必进行充分的手腕和手臂热身运动，如旋转手腕、摆动手臂等，以提高关节的灵活性和减少受伤的风险。

2. 使用合适的球拍，确保球拍的重量、平衡点等参数适合自己的技术水平和力量。过重的球拍可能增加手臂的负担，导致损伤。

3. 注意技术动作的规范性，避免使用错误的手腕和手臂动作，以减少不必要的压力。

9.1.2 膝关节损伤

膝关节是匹克球运动中承受较大压力的部位，尤其在球员频繁奔跑、转身和蹲下时。常见的膝关节损伤包括韧带拉伤、半月板损伤等，预防措施如下。

1. 加强膝关节周围肌肉的力量训练，以提高膝关节的稳定性。

2. 在运动前进行适当的膝关节热身活动，如缓慢的深蹲、膝关节屈伸等。

3. 选择合适的运动鞋，以提供良好的缓冲和支撑效果，减少膝关节受到的冲击。

9.1.3 踝关节损伤

踝关节是匹克球运动中容易受伤的部位之一，尤其是在球员频繁奔跑和快速转身时。常见的踝关节损伤包括扭伤和韧带拉伤，预防措施如下。

1. 注重踝关节的灵活性和稳定性训练，如进行踝关节的内外翻练习、单脚站立等。

2. 在运动前对踝关节进行充分的热身，如缓慢旋转踝关节、用脚尖走路等。

3. 选择合适的运动鞋，以确保鞋底具有良好的防滑性和支撑性。

9.1.4 腰部损伤

腰部是匹克球运动中重要的支撑部位，但也容易受到损伤。常见的腰部损伤包括腰肌劳损和腰椎间盘突出等，预防措施如下。

1. 加强腰部肌肉的力量训练，如进行仰卧起坐、俯卧撑等练习，以提高腰部的稳定性。

第 9 章　匹克球运动中的伤害预防与处理

2. 注意正确的运动姿势，避免长时间保持弯腰或扭曲的姿势。

3. 在运动前进行适当的腰部热身活动，如缓慢扭转腰部、前后弯腰等。

总之，匹克球运动的伤害预防至关重要。通过加强相关肌肉的力量训练、注意技术动作的规范性、选择合适的运动装备以及进行充分的热身活动，可以有效降低运动损伤的风险。希望爱好者在享受匹克球带来的快乐时，也能时刻保持警惕，确保自己的运动安全。

9.2　急性损伤的处理方法

在匹克球运动中，尽管采取了各种预防措施，但急性损伤仍有可能发生。当遭遇急性损伤时，迅速而恰当的处理至关重要。以下是一些常见的急性损伤处理方法。

9.2.1　预防进一步的伤害

一旦受伤，应立即停止运动，避免进一步加重损伤。

9.2.2　初步评估与处理

1. 评估伤情

初步判断损伤的部位、类型和严重程度，检查是否有出血、肿胀、畸形或异常活动。

2. 冰敷

在损伤后的初期（通常是 48 h 内）可以应用冰敷帮助止血、减轻肿胀和缓解疼痛。使用冰袋或冷毛巾敷在受伤部位，每次敷 15～20 min，每隔 10 min 要检查一下皮肤的状况，以防冻伤。可以多次重复此过程。

9.2.3 寻求专业医疗帮助

就医检查：如果损伤较严重，如出现明显的畸形、剧烈疼痛或无法忍受的不适，应立即前往医院就诊，可能需要进行X线、MRI或其他影像学检查准确评估损伤情况。

9.2.4 康复与恢复

1. 休息与制动

根据医生建议，可能需要一段时间的休息和局部制动，以促进损伤组织的修复。

2. 物理治疗

在康复阶段，物理治疗师可以提供专业的指导和帮助，通过特定的锻炼和手法促进恢复。

3. 药物治疗

医生可能会开具非甾体抗炎药（如布洛芬缓释胶囊）缓解疼痛和炎症，或者开具口服肌肉松弛剂减轻肌肉紧张和僵硬。

9.2.5 后续预防与注意事项

1. 充分热身与拉伸

球员在恢复运动后，务必进行充分的热身和拉伸，以减少再次受伤的风险。

2. 逐渐增加运动强度

球员在康复后，应逐步增加运动强度和时间，避免突然回到高强度的运动中。

3. 使用防护装备

根据损伤类型和部位，考虑使用适当的防护装备减少再次受伤的可能性。

综上所述，球员在处理急性损伤时应迅速、冷静并科学地应对。初步的自我处理后，务必及时就医以获取专业诊断和治疗。

第 9 章 匹克球运动中的伤害预防与处理

在康复过程中，遵循医嘱，逐步恢复运动功能，并采取措施预防再次受伤。

9.3 慢性损伤的康复与治疗

匹克球运动中的慢性损伤康复与治疗是一个综合性的过程，需要结合多种方法促进恢复。以下是对此过程的详细阐述。

9.3.1 评估与诊断

在开始康复治疗前，医生首先需要对慢性损伤进行准确的评估与诊断，包括确定损伤的具体部位、类型和程度，以便制订针对性的治疗方案。

9.3.2 限制活动与纠正姿势

1. 限制或调整导致损伤的活动，特别是在匹克球运动中频繁使用或过度负荷的动作。

2. 纠正不正确的运动姿势和技术动作，以减少对受伤部位的进一步压力。

9.3.3 物理治疗

1. 应用热敷、冷敷等物理疗法，以改善局部血液循环、减轻疼痛和炎性反应。

2. 通过按摩、推拿等手段，减少局部组织粘连，促进损伤组织的修复。

9.3.4 药物治疗

1. 在医生指导下，使用非处方药或处方药缓解疼痛和炎症。常用的药物包括非甾体抗炎药（如布洛芬、塞来昔布等）。

2. 对于特定类型的慢性损伤，如狭窄性腱鞘炎等，可能需要局部注射肾上腺皮质激素（如地塞米松磷酸钠注射液、醋酸泼尼松龙注射液等）抑制损伤性炎症。

9.3.5 康复训练

1. 进行渐进性的康复训练,包括肌肉力量训练、柔韧性练习和平衡训练等,以提高关节稳定性和运动功能。

2. 针对匹克球运动的特点进行专项康复训练,以恢复运动能力并预防再次损伤。

9.3.6 饮食与营养

1. 调整饮食结构,增加富含蛋白质、维生素和矿物质的食物摄入,以促进组织修复和提高免疫力。

2. 避免摄入过多刺激性食品和饮料,如辛辣食物、乙醇和咖啡因等,以减少对损伤部位的刺激。

9.3.7 心理调适

1. 慢性损伤可能导致患者产生焦虑、沮丧等负面情绪,因此进行心理调适和情绪管理也是康复过程中的重要环节。

2. 通过心理咨询、放松训练等方法,帮助患者保持积极乐观的心态,提高康复效果。

综上所述,匹克球运动中慢性损伤的康复与治疗需要综合考虑评估诊断、限制活动与纠正姿势、物理治疗、药物治疗、康复训练、饮食与营养以及心理调适等多个方面。患者应在医生指导下进行综合性治疗,以促进损伤的快速恢复并预防再次损伤。

第 10 章　匹克球比赛规则与裁判法

10.1　匹克球比赛规则详解

匹克球是一项融合了网球、羽毛球和乒乓球元素的运动，具有独特的规则。以下是对匹克球规则的详细解释。

10.1.1　场地与器材规则

1. 场地尺寸

匹克球场地大小为 44 英尺（约 13.41 m）长 ×20 英尺（约 6.1 m）宽。球网高度为中间 34 英寸（约 86.36 cm），两边高度为 36 英寸（约 91.44 cm）。

2. 非截击区

场地内距离网前 7 英尺（约 2.13 m）的范围内被划定为非截击区，球员在此区域内不得进行截击。

3. 器材要求

使用特制的硬塑料球，具有 26～40 个直径约 0.6～1 cm 的孔。球拍形状类似乒乓球拍，但尺寸较大，可由木材、玻璃纤维、EVA、PE 材料、蜂窝纸等制成。

10.1.2　比赛计分与发球规则

1. 计分方式

在发球得分制时，通常每局比赛采用 11 分制，先得到 11

匹克球 技艺、智慧与影响力

分且领先至少 2 分的队伍获胜。如果双方得分都达到 10 分，比赛应继续直到一方领先 2 分。在直接得分制时，通常采用 15 分或 21 分一局进行比赛，直到一方领先 2 分。

2. 发球规则

球员双脚必须站在底线外，击球时至少要有一只脚不离开地面，且球必须落在斜对面球场的打球区内，不可压到非截击区线。

10.1.3 双反弹规则

在发球后的第一个回合，接球方必须先让球在本方场地落地反弹一次后才能击球。同样，发球方在接对方回球之前也必须先让球在本方场地落地反弹一次后才能击球。

10.1.4 换发球与站位

1. 换发球

在单打中，当发球方得分后，会轮换至左侧或右侧发球。在双打中，发球始终由右手边的球员开始，如果该球员能持续保持发球权，则一直在左右发球区轮流发球。

2. 站位

发球时，球员需站在底线外。单打和双打直接得分制比赛中，当本方得分为偶数时，发球员则在右发球区发球，奇数时则在左发球区发球。双打发球得分制比赛中，当本方得分为偶数时，首发球员应在右发球区，奇数时则在左发球区。发球方的另一名球员应站在发球区的另一侧，而接发球方的两名球员则通常一前一后站位。

10.1.5 犯规与判罚

1. 发球犯规

包括发球动作违例、发球未过网、发球出界、发球进非截击区、发球错区等，这些都将导致发球方失分或失去球权。

2. 击球犯规

如连击、触网后继续比赛、球落地两次后击球等，这些都将导致该回合结束。

3. 非截击区犯规

如果球员在截击瞬间或截击完后惯性动作导致身体或球拍，触碰了非截击区，则属违例，该回合结束。球员在截击击球瞬间前触碰了非截击区不属违例。

10.1.6 其他规则

1. 换场与休息

每局比赛结束后，双方应互换球场位置。比赛通常采用三局两胜制或单局决胜制，局间可以有 2 分钟短暂的休息。

2. 监督与纠正

如果发现队友在比赛中违例，球员应主动、及时叫停，并指出队友的违例。

3. 裁判与判罚

裁判执裁比赛，裁决有争议的球，确保其公平性和安全性，负责记分和报告比赛严重违规行为，并控制比赛秩序与节奏。

10.2 裁判员的职责与判罚标准

10.2.1 裁判员的职责

首先，裁判员在匹克球比赛中扮演着至关重要的角色。其首要职责是确保比赛公平、公正和顺利进行。具体而言，裁判员的职责包括以下几点。

1. 规则解释与执行

裁判员需要确保所有参赛者都清楚并遵守比赛规则。在比赛前，其应与双方选手进行沟通，在赛前简报中明确比赛规则和注意事项，以避免在比赛过程中出现不必要的争议。

2. 场地与器材检查

在比赛开始前，裁判员需对比赛场地、器材进行全面检查，确保其符合比赛规定并安全可用，包括检查场地是否平整、界线是否清晰、球网是否完好标准等。球员不可以拒绝裁判对其参赛球拍的检查。

3. 比赛控制

裁判员需全程监控比赛进程，确保双方选手按照规则进行比赛。通过包括宣布比分在内的方法，控制比赛的开始、进行和结束，并在必要时给予球员提示或警告。

4. 得分与犯规判定

裁判员需准确判断比赛中球员的站位、得分和犯规情况，应根据匹克球比赛规则对每一次击球、得分和犯规进行公正、准确的判定。

5. 记录与公告

裁判员需详细记录比赛过程中的关键事件，如得分、犯规等，并及时向双方选手和观众公告比赛情况。

10.2.2　判罚标准

1.在匹克球比赛中，裁判员的判罚标准主要依据以下几个方面。

（1）发球违规：若选手在发球时违反规则，如击球点过高、发球时脚踩线、遮挡发球等，裁判员将给予警告或判罚。

（2）击球违规：选手在击球过程中若出现连击、触网等违规行为，裁判员将根据情况给予相应的判罚。

（3）犯规行为：对于比赛中的恶意犯规、干扰对方选手等

第10章 匹克球比赛规则与裁判法

不当行为,裁判员将给予口头警告或技术警告或技术犯规的判罚,以确保比赛的公平性和秩序性。

(4)得分判定:裁判员需根据球是否落在有效区域内、是否触及对方场地等标准判定得分情况。

2.匹克球比赛中的常见违规行为可以归纳为以下几点。

(1)发球违规:

1)发球时击球点过高或遮挡发球或人为旋转球,使对手难以判断球的方向和速度。

2)在接球员未做好准备之前发球,或在接发球员还未准备好接发球之前就将球发出。

3)没有将球发到对方接发球区内,或球没有在对方接发球区内落地反弹。

4)发球击球瞬间,发球员的脚踩线或双脚离地。

(2)击球违规:

1)在发球后和接发球第一回合未落地反弹之前就进行击球,即"空中击球",违反了双落地弹跳规则。

2)连击,即在非一次击球动作中,球拍连续两次触及球。除无意地、连续地、同一方向地连击外。

3)触网,即在击球过程中,球拍或身体触及球网或网柱。

(3)犯规行为:

1)侮辱、刁难或干扰赛事官员、对方球员或观众的行为。

2)在球场范围内吸烟、酗酒等不当行为。

3)在比赛场地内进行不道德的行为,如偷盗、抢劫等(尽管这类行为在正规比赛中极少发生)。

匹克球 技艺、智慧与影响力

10.3 比赛中的争议解决与申诉流程

10.3.1 争议解决

1. 场上即时判决

比赛中出现的争议首先由场上的裁判员根据《奥林匹克宪章》和比赛规则进行即时判决。裁判员需公正、准确地解释和应用规则，确保比赛的连续性和公平性。任何界内外的判定只能由球员或裁判裁定。球员或裁判都不能咨询或接受任何包括球员领队/教练在内的观众意见，无论意见的表达方式是语言、文字、手势或照片视频等。

2. 赛事监督咨询

若球员不服裁判的判处，可向赛事监督或其授权的裁判长申诉，赛事监督将做出最终判处。

3. 双方协商

在比赛间隙或结束后，双方队伍可以通过队长或教练进行友好协商，尝试解决争议。协商过程中应遵守公平竞赛的原则，尊重裁判员的判决，并寻求双方都能接受的解决方案。

10.3.2 申诉流程

1. 提出申诉

若对裁判员的判决仍有异议，队伍可以在规定时限内（例如比赛结束后30分钟到或24小时内）向赛事组委会提交书面申诉。申诉书应明确指出争议点，并提供相关证据和申诉理由。

2. 申诉材料审查

赛事组委会设立仲裁委员会，负责审查申诉材料。仲裁委员会由资深裁判员、赛事监督和管理人员组成，确保审查的公正性和专业性。

第 10 章　匹克球比赛规则与裁判法

3. 申诉决定

仲裁委员会在审查完毕后将作出维持原判、改判或要求重新审查等决定。该决定具有最终性和约束力，双方应遵守并执行。

4. 申诉费用

提出申诉的队伍可能需要支付申诉费用，成功申诉后可获得退还。费用标准应根据比赛规模和级别合理设定，以确保申诉的严肃性和有效性。

5. 申诉结果的通知与执行

仲裁委员会应及时将申诉结果通知相关队伍，并说明理由和依据。若涉及比赛结果的更改，赛事组委会应负责调整并公布最终成绩。

6. 保密与公开性

在申诉过程中，仲裁委员会应确保相关信息的保密性，避免对比赛造成不必要的干扰。申诉结果公布后，委员会应适度公开相关信息，以确保比赛的透明度和公信力。

第 11 章　匹克球运动员的营养与恢复

11.1　合理膳食对运动员的重要性

匹克球运动员在追求运动成绩的道路上，合理的膳食规划是不可或缺的一环。良好的膳食习惯不仅为运动员提供充足的能量，还能帮助其快速恢复体能，提高训练效果。

11.1.1　能量供给与碳水化合物

匹克球运动的特点决定了运动员对能量的高需求。碳水化合物作为最主要的能量来源，对于运动员而言至关重要。为了保持训练和比赛中的体能状态，运动员应确保每天摄入足够的碳水化合物。

1. 食物选择

选择低血糖指数（GI）的碳水化合物食物，如全麦面包、糙米、燕麦等，这些食物能够提供更稳定的能量供应，减少血糖波动；同时水果和蔬菜也是良好的碳水化合物来源，其富含维生素和矿物质，有助于维持运动员的整体健康。

2. 餐次安排

运动员应根据训练和比赛时间合理安排餐次，在训练和比赛前适当摄入易于消化的碳水化合物食物，如香蕉、能量棒等，以快速提供能量；在训练和比赛后及时补充富含碳水化合物的

第 11 章 匹克球运动员的营养与恢复

食物，以促进肌肉恢复和能量储备。

11.1.2 蛋白质与肌肉修复

蛋白质是肌肉修复和增长的重要营养素。匹克球运动员在训练中会经历肌肉损伤和修复的过程，因此蛋白质的摄入对于运动员而言至关重要。

1. 食物来源

运动员应选择高质量蛋白质食物，如瘦肉、鱼、禽蛋、奶制品和豆类等，这些食物不仅富含优质蛋白质，还含有丰富的必需氨基酸，有助于肌肉修复和增长。

2. 补充时机

在训练后半小时内补充高蛋白食物或蛋白粉，其是促进肌肉恢复和增长的最佳时机。此时肌肉对蛋白质的吸收能力较强，能够充分利用蛋白质进行修复和增长。

11.1.3 必需脂肪酸与维生素矿物质

必需脂肪酸、维生素和矿物质对于维持运动员整体健康同样重要，其参与身体的各种代谢过程，对于能量供应、肌肉功能、免疫系统等方面都有重要影响。

1. 食物来源

坚果、深海鱼、橄榄油等食物富含健康脂肪，如 Omega-3 脂肪酸，有助于维护心血管健康和神经传导功能。新鲜蔬菜和水果则是维生素和矿物质的重要来源，运动员应保证每天摄入足够的数量。

2. 补充剂使用

在某些情况下，运动员可能需要通过补充剂弥补饮食中的不足。然而在使用补充剂之前，建议咨询专业营养师或医生，以确保安全有效地补充营养素。

11.2 运动后的恢复与放松方法

匹克球运动员在训练和比赛后需要进行适当的恢复和放松，以缓解肌肉疲劳、减轻心理压力、提高恢复质量。以下是一些有效的恢复和放松方法。

11.2.1 拉伸与放松训练

拉伸和放松训练是缓解肌肉紧张、提高肌肉灵活性的有效手段。运动员应在训练和比赛后立即进行全身拉伸训练，重点关注大肌群的拉伸和放松，同时使用泡沫轴进行深层肌肉放松也是一种值得推荐的方法。

1. 全身拉伸

全身拉伸包括静态拉伸和动态拉伸两种方式。静态拉伸则可以持续较长时间，有助于放松深层肌肉；动态拉伸则更注重肌肉的活动性和灵活性。运动员应根据自身情况选择合适的拉伸方式。

2. 泡沫轴放松

泡沫轴是一种自我按摩工具，能够针对深层肌肉进行放松。运动员可以在训练后使用泡沫轴对身体各部位进行滚动按摩，以缓解肌肉紧张和疼痛。

11.2.2 冷热水交替浴

冷热水交替浴是一种促进血液循环、加速废物排出的恢复方法。运动员可以尝试在训练和比赛后进行短暂的冷热水交替浴，以减轻肌肉酸痛和促进恢复。操作方法是在热水和冷水之间交替浸泡身体各部位，每次浸泡时间可根据个人情况调整。一般建议热水温度为 38 ~ 40℃，冷水温度为 15 ~ 20℃，每次浸泡时间不超过 5 min。

第 11 章　匹克球运动员的营养与恢复

11.2.3　深度呼吸与冥想

深度呼吸和冥想是帮助运动员放松身心、减轻压力的有效方法。其能够降低交感神经系统的兴奋性，提高副交感神经系统的活性，有助于运动员保持良好的心态和竞技状态。操作方法是运动员可以在安静的环境中进行深度呼吸和冥想训练。深度呼吸时可以采用腹式呼吸法，吸气时腹部隆起，呼气时腹部收缩；冥想时则可以集中注意力在呼吸或某个特定对象上，逐渐放松身心。

11.3　营养补充品的选择与使用建议

在某些情况下，营养补充品可以作为合理膳食的有益补充，帮助运动员满足特定的营养需求。然而运动员在选择和使用营养补充品时需谨慎。

11.3.1　根据需求选择

运动员在选择营养补充品时，应根据自己的训练和比赛需求进行选择。不同的营养补充品具有不同的功效和适用场景，运动员应根据自身情况选择合适的补充品。

1. 能量补充

对于需要补充能量的运动员，可以选择含有碳水化合物的运动饮料或能量棒等补充品。这些补充品能够快速提供能量，帮助运动员在训练和比赛中保持良好的体能状态。

2. 肌肉恢复

对于需要促进肌肉恢复的运动员，可以选择含有蛋白质的补充品。蛋白质是肌肉修复和增长的重要营养素，补充足够的蛋白质有助于运动员快速恢复体能和提高训练效果。

11.3.2 注意品牌和质量

选择信誉良好的品牌和高质量的营养补充品是确保补充品安全和有效的关键。运动员在购买营养补充品时应注意以下几点。

1. 查看产品说明和成分表

确保产品说明清晰明了、成分表真实可靠，避免购买含有禁药成分或未经科学验证的补充品。

2. 选择权威认证产品

优先选择经过权威机构认证的营养补充品，如美国食品药品监督管理局（FDA）认证的产品。这些产品经过严格的质量控制和安全评估，具有较高的可靠性和安全性。

11.3.3 合理使用剂量

运动员在使用营养补充品时应按照产品说明或咨询专业人士的建议合理使用剂量。过量使用某些补充品可能对身体造成负担或产生不良反应。同时，运动员还应注意补充品与其他药物之间的相互作用，避免发生不良反应。运动员在使用营养补充品期间，建议定期监测身体状况和训练效果，以便及时调整补充品的种类和剂量。

第 12 章　匹克球运动在国内外的发展与推广

12.1　国内外匹克球运动的发展现状

12.1.1　国外现状

在北美地区，匹克球运动已经深入人心，不仅公园、社区运动场上随处可见匹克球玩家的身影，各类专业匹克球俱乐部和赛事也层出不穷。随着这项运动的普及，越来越多的专业匹克球赛事得到举办，如全球匹克球联盟（Global Pickleball Federation,GPF）举办的国际赛事，吸引了来自世界各地的顶尖选手参赛。匹克球不仅成为了一项深受老年人喜爱的运动，其年轻化、趣味化的特点也吸引了大量年轻人加入其中，使得匹克球运动在北美地区焕发出勃勃生机。

此外，欧洲地区近年来也开始对匹克球运动展现出浓厚的兴趣，各国纷纷举办匹克球赛事，吸引了大批爱好者的参与。同时，欧洲的一些学校也开始将匹克球引入体育课程，作为促进学生身心健康发展的重要手段。

12.1.2　国内现状

在国内，匹克球运动的发展虽然相对起步较晚，但近年来也取得了显著的进步，越来越多的城市开始关注并推广匹克球

匹克球 技艺、智慧与影响力

运动，政府和社会各界纷纷投入资金建设匹克球场地，为爱好者提供了良好的运动环境。一些大型公园、社区活动中心以及学校体育设施内，都可以看到匹克球场地的身影。

与此同时，匹克球赛事也在国内逐渐兴起。各类匹克球锦标赛、公开赛等赛事层出不穷，吸引了大量选手们的参与。这些赛事不仅为选手们提供了展示技艺的平台，也为匹克球运动的推广和普及起到了积极的推动作用。

然而，与国内其他传统球类运动相比，匹克球的普及程度仍然有限。一方面，匹克球的宣传和推广力度不够，很多人对这项运动还不够了解；另一方面，匹克球运动的专业培训和教练资源相对匮乏，限制了其进一步的发展。因此，需要继续加大对匹克球运动的推广力度，提升其在国内的知名度和影响力。

12.2 匹克球运动的推广策略与建议

12.2.1 加大媒体宣传力度

与主流媒体建立合作关系，定期发布匹克球赛事报道和精彩瞬间，提升公众对匹克球运动的关注度。

利用社交媒体平台，如微博、微信、抖音等，制作和分享匹克球教学视频、比赛集锦等，吸引更多人关注和参与。

与体育频道、直播平台合作，对重要赛事进行直播或转播，提高匹克球赛事的曝光率。

12.2.2 举办多样化赛事活动

举办各级别的匹克球赛事，包括业余赛事、公开赛、锦标赛等，满足不同水平选手们的参赛需求。创新赛事形式，如城市挑战赛、校园联赛等，增加赛事的趣味性和参与性。邀请知名运动员和明星参与赛事，提升赛事的吸引力和影响力。

第 12 章 匹克球运动在国内外的发展与推广

12.2.3 完善场地设施建设

在公园、社区、学校等公共场所建设匹克球场地，提供充足的运动场地资源。探索场地共享模式，如与网球场、羽毛球场共享场地资源，提高场地利用率。加强场地维护和管理，确保场地设施的安全性和舒适性。

12.2.4 加强专业培训与教练队伍建设

建立完善的匹克球教练培训体系，培养更多专业教练人才。举办教练员培训班和认证制度，提高教练队伍的专业素质和技能水平。引进国外先进的匹克球教学理念和训练方法，与国内教练队伍进行交流与合作，共同提升国内匹克球教学水平。

12.2.5 拓展校园匹克球运动

将匹克球引入学校体育课程，作为体育课选修项目之一，让学生接触并了解匹克球运动。举办校园匹克球比赛和活动，丰富学生的课余生活，提高学生的身体素质和团队协作能力。加强校园匹克球社团建设，提供学生自我组织、自我管理的机会，促进校园匹克球运动的发展。

12.2.6 加强国际合作与交流

与国际匹克球组织建立合作关系，参与国际赛事和交流活动，提高国内匹克球运动水平。

引进国外优秀教练和选手来国内进行培训和比赛交流，提升国内匹克球运动的国际化水平。

分享国内匹克球运动的发展经验和成果，与国际同行共同推动匹克球运动在全球范围内的发展。

12.3 未来匹克球运动的发展趋势

据 Sports & Fitness Industry Association 2023 年报告估计，全

匹克球 技艺、智慧与影响力

美已有近 900 万匹克球爱好者（网球不到 2000 万人，羽毛球不到 150 万人，乒乓球接近 100 万人），并且正以每年超过 20% 的速度增长中。据预测，2030 年全球匹克球玩家将达到 4000 万人。美国两大职业匹克球联盟（Professional Pickleball Association 和 Association of Pickleball Professionals）每年分别举办 20 和 30 场大型赛事。职业比赛中多为 14～35 岁的青少年。

除了北美，匹克球在欧洲地区也已十分普及，亚洲地区包括中国、日本、印度、菲律宾、新加坡、印尼、泰国、马来西亚、孟加拉、巴基斯坦等也开始流行和举办赛事。截至 2022 年年底，全球已有超过 60 个国家加入了国际匹克球联盟，举办了 12 次国际比赛。匹克球将成为 2024 年巴黎奥运会的表演项目。相信不远的将来，匹克球会成为奥运会等国际赛事的正式项目。

众多名人和商界人士也纷纷加入匹克球的行列，如"小李子"莱昂纳多、艾玛·沃森特以及微软创始人比尔·盖茨等，其参与无疑为匹克球的推广起到了积极的推动作用。

随着匹克球的普及，相关的产业链也逐渐形成。在亚马逊等电商平台上，匹克球相关产品的购买热潮持续高涨，其中来自中国的匹克球拍品牌如 Niupipo 等频繁出现在销售榜单的前列，显示了匹克球在全球市场的巨大潜力。

此外，作为一项适合所有年龄段的运动，匹克球越来越受到教育机构的重视，已有越来越多的学校将其设为体育课程，仅在纽约州就有超过 500 所学校开设了相关课程。匹克球运动有助于提高学生的身体素质、协调性和反应能力，同时匹克球的团队合作和竞争意识也能够培养学生的社交技能和团队精神。

随着匹克球运动在全球范围内的不断普及与发展，其未来的发展趋势也将展现出更多的可能性和潜力。

12.3.1 全球化趋势加速

随着各国对匹克球运动的重视和投入增加，匹克球将成为一项全球性的运动。其不仅在北美和欧洲地区保持领先地位，亚洲、南美洲等地区也将迎头赶上，形成多元化的竞争格局。国际赛事的增多和规模的扩大将促进各国之间的交流与合作，提高全球匹克球运动的整体水平。

12.3.2 专业化和职业化水平提升

随着匹克球运动的不断发展，其专业化和职业化水平将得到显著提升。更多专业的匹克球俱乐部、培训机构和赛事组织将涌现，为运动员提供更系统、更专业的训练和比赛机会。职业匹克球运动员将成为公众关注的焦点，其成功将激励更多人投身于这项运动。

12.3.3 科技助力发展

现代科技的进步将为匹克球运动的发展提供有力支持，例如数据分析技术的应用可以帮助教练和运动员更准确地了解比赛情况，制订更有效的训练和比赛策略。智能装备如智能球拍、可穿戴设备等的研发和应用将提高运动员的训练效果和比赛体验。

12.3.4 健康与休闲功能的突出

随着人们健康意识的提高，匹克球作为一种健康、有趣的运动方式将得到更多人的青睐。其不仅可以帮助人们提高身体素质和心肺功能，还能促进人与人之间的交流与互动。匹克球运动将成为人们休闲娱乐的重要方式之一，特别是在周末和节假日，人们可以通过参与匹克球比赛和活动放松心情、享受生活。

12.3.5 青少年市场的开发

青少年是匹克球运动的重要发展对象之一。通过加强校园

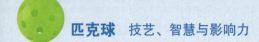

匹克球运动的推广和普及，可以让更多的青少年了解并喜爱这项运动。举办青少年匹克球赛事和活动，为青少年提供更多的展示自我、锻炼技能的机会，培养其团队协作能力和竞技精神。

12.3.6　文化融合与创新发展

匹克球运动作为一项融合了多种球类运动特点的新兴项目，具有独特的文化魅力和创新潜力，通过与其他文化的交流与融合，可以创造出更多具有地方特色的匹克球赛事和活动形式。同时，匹克球运动也需要不断的创新发展，以满足不同人群的需求和期望，例如可以探索更多有趣的比赛形式、开发更多实用的训练器材等。

附 录

A.1 匹克球评级

参考北美匹克球协会评分标准（1.0～5.5分），快速评级参考如下。选手也可以通过比赛计算UTPR（1.0～7.0分）或DUPR评分（2.0～8.0分）。

评分	级别	特点
2.5	初级	可以发球到场地内； 回球质量通常较差； 偶尔能打出质量较好的回球
3.0	初中级	知道基本规则； 知道移动到网前和第三拍的重要性，但会失误； 移动较慢，不能保证移动到合理位置
3.5	中级	具备一定的基本功； 能稳定打出较高质量的前场吊球和后场吊球； 移动较快，掌握基础步法； 开始认识到自己的不足之处
4.0	中高级	具备扎实的基本功； 掌握旋转和落点变化，同一动作能够打出不同回球； 网前可以主动进攻，并可以重置对方的进攻球； 在比赛时会观察对方，并实时调整策略
4.5	高级	全面掌握各种技术并灵活使用； 很少出现非受迫性失误； 具备受迫情况下回球能力

续表

评分	级别	特点
5.0	专业	不再拘泥于特定动作和技巧； 能够把握比赛节奏； 能够自然地控制球的落点、速度、旋转；
5.5+	大师	建立对匹克球理论和技巧的系统性认知； 经常在专业赛事中获得奖牌

A.2　匹克球专业术语

- 回合（Rally）：发球后，双方击球，直到有一方因为过失结束。一个回合的结束会导致一方赢得 1 分或失去发球权。
- 一局（Game）：一般由 11 分、15 分或 21 分构成一局比赛。
- 一场比赛（Match）：一般采用 3 局 2 胜制构成一场比赛，也有单局决胜制。
- 裁判员（Referee）：依据规则及常识对比赛进行执裁的赛事技术人员。裁判通常分为裁判长（Head Refefree）、主裁（Lead Referee）、副裁（Second Referee）、司线员（Line Judge）等。
- 赛事监督（Tournament Director）：制订一个比赛规程，确定比赛用球，决定球员是否需要更换球衣或是否符合医疗暂停资格等，是该比赛技术方面的最高负责人。赛事监督还拥有驱逐球员（Ejection and Expulsion）或强制整场弃赛（Match Forfeit）的权力。
- 赛前简报（Pre-Match Briefings）：一场比赛开始前，裁判向球员介绍比赛赛制、注意事项、检查球拍等，并主持选边或选发球。
- 记分单（Scoresheet）：裁判在执裁中使用的记分表格，用于实时记录双方球员得分、暂停、警告等数据。

- 热身（Warm-Up）： 赛前简报后，一般会给予球员 1-2 分钟的热身时间。
- 场外指导（Coaching）：比赛中除搭档外，球员与其他任何人包括口头的、非口头的或电子的交流，都会被视为接受场外指导，包括常见的场外人叫暂停，这是规则禁止的行为。
- 绕网柱回球（Around The Post，ATP）：球员从球场外（左侧或右侧）击球，让球绕过网柱（而不是球网上方）落入对方球场。
- 跨搭档侧非截击区击球（Bert）：类似 Erne，跨越队友一侧的非截击区进行击球。
- 前场吊球（Dink）：指从前场区域将球轻打到对方前场区域的吊球，也叫网前吊球或丁球。
- 抽球（Drive）：通过大力击打球，让球快速飞到对方场地。通常是从中后场进行。
- 后场吊球（Drop）：指从中后场将球轻打到对方网前区域的吊球。
- 双落地规则（Double-Bounce Rule）：球员发球，对方须等待球弹起后再回球（第一落地），接球方须再次等待球弹起后再回球（第二落地）。
- 跨非截击区击球（Erne）：通过从非截击区后面跳过非截击区落到边线外击球（通常是截击）。
- 过失（Fault）：违反规则，导致回合结束。
- 口头警告（Verbal Warning）：裁判员对球员违规行为的警告。口头警告既不会导致球员扣分也不加分，也不会失去发球权。
- 技术警告（Technical Warning）：裁判对球员或球队违规行为的警告。技术警告既不会导致球员扣分也不加分，也不会失去发球权。

匹克球 技艺、智慧与影响力

- 技术犯规（Technical Foul）：裁判对球员严重违规行为的判罚导致违规队的得分被扣除一分。若违规队的得分为零，对方的得分将增加一分。如果已经发出了一次技术警告，又获得第二次技术警告，则应判技术犯规，或根据裁判的判断认定球员或球队的行动属于技术犯规。
- 强制弃赛（Forfeit）：球员因很严重的违规行为，或技术警告技术犯规的组合被裁判判决对手赢得此局（Game Forfeit）或此场比赛（Match Forfeit）。
- 申诉（Appeals）：球员对对手出界呼叫有异议，可以向主裁申诉，由主裁判决。
- 弃赛（Match Retirement）：球员/球队决定中止本场比赛，其对手获得本场比赛胜利。球员/球队可以继续参加接下来的比赛。
- 退赛（Withdrawal from Event）：球员/球队要求从指定组别退出任何即将到来的比赛。球员/球队不可以参加接下来本组别的比赛。
- 击触地球（Groundstroke）：等球触地并弹起后击打球。
- 挑后场高球（Lob）：将球打高，使其落到对方后场，通常靠近底线。
- 发球击中非接球者（Nasty Nelson）：在双打中球员发球时，让球击中对方的非接球队员而得分。
- 非截击区（Non-Volley Zone，NVZ）：又叫 Kitchen（厨房），是指球网到第一条白线（包括）之间的区域，如果运动员在截击瞬间或之后因为击球动作导致身体或球拍碰触该区域（包括白线），则被视为犯规。在截击瞬间之前因为击球动作导致身体或球拍碰触该区域不算犯规。

附　录

- 匹克（Pickle）：一局比赛中对方没有获得任何分数，甚至对方没有得到发球机会，被称为"黄金匹克（Golden Pickle）"。
- 标准暂停（Standard Time-Out）：在一局比赛中，一般都会允许每方球员暂停 1-2 次，每次暂停时间为 1 分钟。
- 医疗暂停（Medical Time-Out）：在一场比赛中，一般都会允许每个球员医疗暂停 1 次，每次暂停时间为 15 分钟。
- 比赛开始（Time-In）：每局比赛开始时，或暂停后或交换球场后再开始比赛时，由裁判宣布。
- 突袭（Poach）：球员通过突然加速移动到队友一侧回击来球。
- 沙袋（Sandbagging）：球员（故意）参加比其真实水平低的比赛。
- 摇烤进攻（Shake and Bake）：双打比赛中，一名球员通过抽球打出第三拍，其队友快速上网对回球进行进攻。
- 换边发球（Side Out）：本方已完成所有发球机会，换到对方队开始发球。
- 叠式站位（Stacking）：在双打中，无论初始站位如何，在发球或接发球后，队员通过移动形成固定的分区站位，以确保较强的同伴处于特定的优势区域。例如球员虽然从右半区发球，但发球后迅速跑到场地左边区。
- 过渡区（Transition Zone）：中场区域，球员从后场来到网前需要经过该区域。
- 胯下回球（Tweener）：指球员将球从自己两腿中间打过去，往往是背对球场完成。
- 截击（Volley）：在球触地之前，球员在空中击球。
- 交换球场（Change Ends）：依据规则双方交换场地后，再进行比赛。

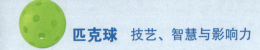

- 得分（Point）：发球得分制发球方，或直接得分制任何一方赢得一个回合，就可以赢得一分。不过当一方被判技术犯规且犯规方得分为零时，对手也能得一分。